O SEGUNDO NASCIMENTO

Amor Sabedoria Verdade

Traduzido de: *«LA DEUXIÈME NAISSANCE - Amour sagesse vérité»*
Autor: *Omraam Mikhaël Aïvanhov*
Editor original: © *Editions Prosveta S. A . – CS 30012 – Fréjus – France*
© 1978 by Editions Prosveta – *ISBN 2-85566-064-5*

Z.A. Le Capitou – 1277 rue Jean Lachenaud
83600 FRÉJUS – FRANCE

www.prosveta.com

Co-Editor:

Devi Prayer Livros é um selo da **Bambual Editora Ltda.**
E-mail: conexao@bambualeditora.com.br
Instagram: deviprayer_livros

Editado segundo as regras do novo Acordo Ortográfico aplicado em Portugal. Tradução revista em agosto de 2020.

ISBN: 978-65-992195-4-2
Edição digital: ISBN 978-2-8184-0377-8

Omraam Mikhaël Aïvanhov

O SEGUNDO NASCIMENTO

Amor Sabedoria Verdade

ÉDITIONS PROSVETA

Devi Prayer
pensamentos iluminados

Nas notas bibliográficas inseridas no final de cada capítulo, optou-se por manter na língua original as referências aos títulos ainda não publicados em português à data da presente edição. Esta situação irá sendo alterada com a publicação de mais obras de Omraam Mikhaël Aïvanhov por Bambual Editora.

O ensinamento do Mestre Omraam Mikhaël Aïvanhov é estritamente oral. Esta obra, dedicada a um tema específico, foi redigida a partir de conferências improvisadas.

I

O segundo nascimento

Se visitardes a nossa Fraternidade da Bulgária quando ela acampa nas montanhas, perto dos sete lagos de Rila, podereis ver, a alguma distância do campo, uma nascente que foi arranjada de uma maneira especial. A água jorra de uma rocha enorme, esculpida em forma de quilha de barco, e corre por um leito de pedras lisas e brancas que termina com duas mãos juntas. Qualquer pessoa pode beber a água pura oferecida por aquelas duas mãos... No lado esquerdo da rocha, está gravada uma âncora pintada de azul, que é o símbolo da Fraternidade, e no lado direito pode ler-se a seguinte inscrição :

Irmãos e irmãs, pais e mães,
Amigos e estrangeiros,
Professores e estudantes,
Todos vós, servidores da vida,
Abri os vossos corações para o bem.
Sede como esta fonte!

Perto da inscrição estão também traçadas figuras geométricas e símbolos acerca dos quais vos falarei numa outra ocasião.

Todos vós conheceis a passagem do Evangelho de São João onde Jesus diz a Nicodemos: *«Em verdade, em verdade te digo, se um homem não nascer de novo, não poderá ver o Reino de Deus.»* Nicodemos pergunta a Jesus: *«Mas como pode um homem nascer quando já é velho? Pode voltar para o ventre da mãe e nascer outra vez?»* E Jesus respondeu: *«Em verdade, em verdade te digo, se um homem não nascer da água e do espírito, não poderá entrar no Reino de Deus.»* O que significa «nascer da água e do espírito»?...

Conta-se que o príncipe Saladino, quando conquistou Jerusalém, soube da existência de um sábio chamado Nathan; ordenou, então, que o trouxessem ao palácio e fez-lhe sete perguntas, de entre as quais a seguinte: «De todas as religiões – a judaica, a budista, a cristã e a islâmica –, qual é a melhor?» E Nathan respondeu ao príncipe: «Vou contar-te uma história. Era uma vez um rei que possuía um anel mágico que lhe dava todos os poderes. Graças a esse anel, o seu reino estava livre de desgraças, guerras e epidemias. O rei tinha três filhos e, chegado à velhice, não sabia a qual dos filhos devia dar o seu anel, pois amava-os todos por igual. Então, mandou fazer outros dois anéis exatamente iguais ao seu e misturou-os de maneira a que ninguém, nem mesmo ele próprio, pudesse dizer qual era o anel mágico. Chamou o filho mais velho e disse-lhe: «Meu filho, eu amo-te bastante, e quero dar-te secretamente o meu anel, assim como um terço do meu reino.» Depois, fez o mesmo com os outros dois filhos. O rei não sabia a qual dos três filhos dera o anel mágico, e cada um deles estava convencido de que o tinha herdado.

Algum tempo depois, o rei visitou cada um dos seus filhos. Foi primeiro ao mais velho e viu que o seu povo vivia no meio de doenças e de privações. Assim, o rei soube que não era o mais velho que tinha o anel. Então, visitou o reino do segundo filho; aí, o povo estava esfomeado, havia guerras e dificuldades contínuas. E soube também que o seu segundo filho não tinha recebido o anel mágico. Finalmente, quando chegou ao palácio do terceiro filho, viu que todos os seus súbditos eram ricos, saudáveis, felizes, e viviam em paz. O rei percebeu então que fora o filho mais novo o herdeiro do anel mágico... É deste modo, disse Nathan, que poderás saber onde está a verdadeira religião. É onde reinarem a paz, a felicidade, a abundância, a sabedoria e o amor.»

Se, apesar do Ensinamento que os grandes Mestres nos dão, não conseguimos descobrir a verdade, talvez seja porque os nossos canais estão demasiado obstruídos para que a corrente possa circular. Percebi isso quando era muito jovem, e vou explicar-vos como: eu estudava, lia imenso, trabalhava, contudo não estava completamente satisfeito. Então, jejuei durante dez dias... Após esse jejum, percebi muitas coisas que não tinha encontrado nos livros.

Nos primeiros dias, sentia muita fome, mas em breve esta sensação desapareceu. Nos terceiro e quarto dias, estava permanentemente com sede, e esta sensação não parou de aumentar nos dias seguintes: eu já só pensava em água; quando adormecia, sonhava com fontes e rios dos quais bebia eternamente sem conseguir dessedentar-me. Mas essa sede também cessou. No sétimo dia, peguei num fruto e cheirei-o… Senti que emanavam dele essências tão subtis, tão maravilhosas, que me alimentavam. Nos últimos dias, eu comia e bebia graças a essas emanações. Foi então que compreendi que cada planta, cada fruto, contém alimentos subtis, etéricos, mas, como nós estamos sempre cheios, saciados, não conseguimos senti-los, absorvê-los. Há tantas coisas em torno de nós que não podemos perceber, porque estamos demasiado cheios! Apesar de elas possuírem elementos muito preciosos, é preciso estarmos esfomeados e cheios de sede para nos apercebermos deles.[1] Ora, muitas vezes nós estamos sonolentos, como alguém que comeu demasiado, e por isso ficamos privados de certos alimentos mais subtis.

Quando alguém se habitua a comer demasiado, cria em si um estado de obstrução que o torna sonolento, pesado, indolente. Todos os sentidos perdem acuidade, a inteligência fica obscurecida, a vontade enfraquece e as paixões tornam-se grosseiras. E acontece o mesmo nos noutros planos. Se comemos demasiado ao nível astral, o que é mais subtil na alma e na Natureza escapa-nos e fica fora da nossa consciência; então, mesmo que todos os Mestres viessem ensinar-nos a sua sabedoria, não compreenderíamos e não sentiríamos nada. Durante aquele jejum, eu descobri que era fácil desdobrar-me: saía do meu corpo sem dificuldade e deslocava-me a regiões mais subtis. Mas, quando comecei a comer de novo, isso tornou-se mais difícil.

A pequena fonte diz: «Sede como eu! Sede vivos, jorrai!» Sim, meus caros irmãos e irmãs, se não tomardes como modelo a fonte que jorra, tornar-vos-eis semelhantes a pântanos. Se a vossa fonte interior secar, produzir-se-ão em vós fermentações… E vós sabeis o que acontece quando há fermentações algures: os mosquitos, as moscas e toda a espécie de animalejos começam a pulular; mesmo que tenteis acabar com eles, não há nada a fazer, eles não param de se reproduzir. A única solução é secar o pântano e deixar correr a água, porque onde corre uma nascente já não há putrefações.[2] E vós sabeis o que acontece junto das nascentes: as árvores crescem, as flores desabrocham, as aves cantam. Podereis perguntar: «Mas como podemos fazer correr uma fonte em nós?» É muito simples: deveis amar. Dir-me-eis certamente que já amais e que toda a gente ama... Eu sei, mas, quando falo em amor, refiro-me a um outro amor. A maior parte das pessoas que estão apaixonadas admitem que sofrem e que se sentem infelizes. É porque não sabem o que é o amor. O amor que torna os seres infelizes não é o verdadeiro amor, é uma doença. O que é curioso é que quase ninguém escapa a este tipo de amor. É como uma epidemia: por mais que as pessoas se protejam, mais cedo ou mais tarde são apanhadas, e as devastações começam.

Na Bulgária, eu tinha um amigo que falava do amor como a coisa mais bela do mundo. Um dia, ele veio ter comigo, com um rosto desolado, sombrio, e o cabelo desgrenhado. Fiquei inquieto e perguntei-lhe o que se passava. «Estou apaixonado, é só isso!», disse ele. O amor tornara-o infeliz, porque ele não podia possuir o objeto desse amor. Mas o amor de que eu vos falo é algo completamente diferente, e quando vem esse verdadeiro amor, o do Ensinamento novo, fica-se alegre, porque o amor é um estado de consciência magnífico que traz todas as bênçãos. Quando jorra em nós uma fonte, surgem imediatamente árvores, flores, animais, homens, porque onde a água corre há toda uma cultura que começa a desenvolver-se; o que significa também que, onde o verdadeiro amor se manifesta, surgem uma flora, uma fauna e uma civilização.[3]

Que outra interpretação podemos nós fazer disto? O reino dos minerais é o nosso sistema ósseo; o reino dos vegetais é o nosso sistema muscular; o reino dos animais é o nosso sistema circulatório; o reino dos homens é o nosso sistema nervoso.

«Se um homem não nascer da água e do espírito, não poderá entrar no Reino de Deus...» O que são a água e o espírito? Na ciência esotérica, a água foi sempre considerada o elemento passivo, e o espírito, pelo contrário, o princípio ativo. Em hebraico, água diz-se *maïm* e espírito diz-se *rouah*. O que é curioso é que, se invertermos as sonoridades da palavra *rouah*, obteremos *haour*, que significa

"luz", a luz que criou o mundo. É esta luz que cada alma possui como uma pequena centelha saída do princípio criador masculino, o fogo celeste. E a água é o princípio passivo, feminino, o mediador plástico, o fluido universal.

«Se um homem não nascer da água e do espírito...» – Ou seja, se um homem não nascer da água e do fogo…

Para vos explicar estas duas palavras, "água" e "fogo", vou falar-vos um pouco de astrologia. Vós conheceis os doze signos do Zodíaco. Do ponto de vista alquímico, eles correspondem aos quatro elementos: terra, água, ar e fogo. Temos, portanto, três signos para cada elemento, que se dispõem no círculo do Zodíaco do seguinte modo.

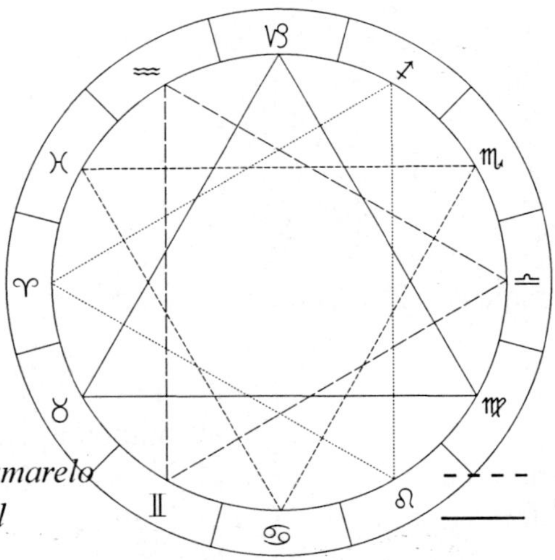

.... Fogo *amarelo*
—— Ar *azul*
- - - - Água *verde*
—— Terra *vermelho*

Podereis notar que os signos pertencentes ao mesmo elemento estão colocados nos vértices de um triângulo equilátero. O triângulo da terra é formado pelos signos Touro ♉, Virgem ♍ e Capricórnio ♑; o triângulo da água, pelos signos Caranguejo ♋, Escorpião ♏ e Peixes ♓; o triângulo do ar, pelos signos Gémeos ♊, Balança ♎ e Aquário ♒; o triângulo do fogo, pelos signos Carneiro ♈, Leão ♌ e Sagitário ♐. Hoje não falaremos de todas as combinações que podem ser feitas com estes quatro triângulos, quando aplicados aos diferentes domínios da vida; consideraremos apenas os triângulos da água e do fogo.

Como cada signo do zodíaco corresponde a certos órgãos do corpo humano, apresentaremos os dois triângulos da água e do fogo do seguinte modo (fig. 1 e 2):

Fig. 1

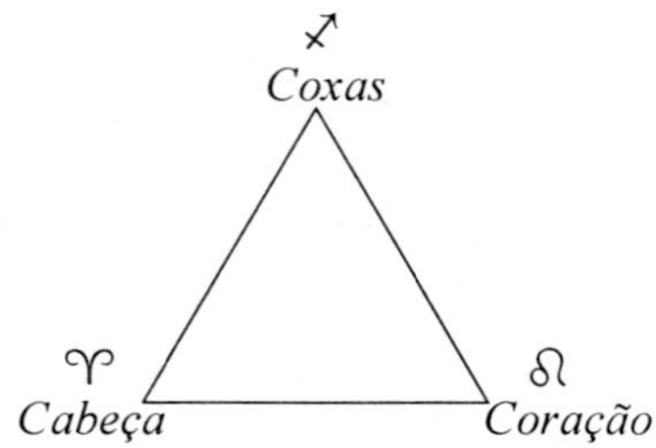

Fig. 2

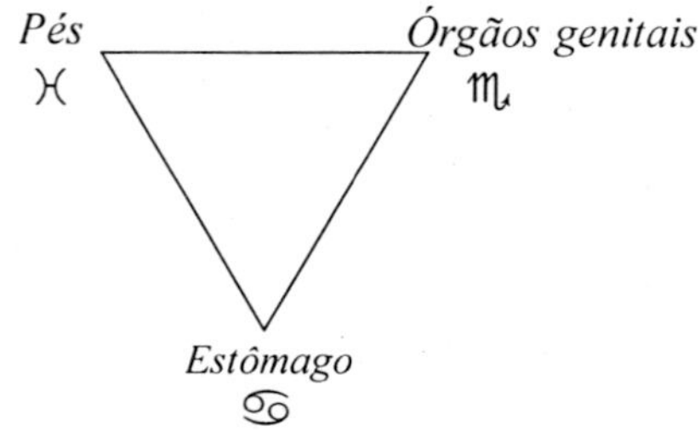

Correspondências do Zodíaco com o corpo humano:[4]

♈ cabeça
♉ pescoço
♊ braços - pulmões
♋ peito - estômago
♌ coração
♍ intestinos
♎ rins
♏ órgãos genitais
♐ coxas
♑ joelhos
♒ barrigas das pernas
♓ pés

Estes dois triângulos são idênticos à secção reta de um prisma triangular. Todos vós conheceis o prisma, e todos sabeis que ele decompõe a luz branca em sete cores (fig. 8, página 19). A Natureza escondeu grandes segredos neste fenómeno. Se os lados do prisma não forem iguais, não obteremos a mesma distribuição de cores que se o prisma for equilátero. Simbolicamente, os três lados do prisma podem representar os três princípios que existem no homem: intelecto, coração e vontade, ou pensamento, sentimento e ação, e ainda é possível encontrar nele muitos outros fenómenos ou manifestações da vida. Por exemplo: o pai, a mãe e o filho; o ácido, a base e o sal; a luz, o calor e o movimento; o amor, a sabedoria e a verdade; o comprimento, a largura e a altura, etc.

O fenómeno da decomposição da luz pelo prisma está também baseado em três números que são significativos: 1, 3 e 7. O número 1 representa o feixe luminoso que incide numa das faces do prisma; o número 3 representa o próprio prisma, com as suas três faces, e o número 7 representa as cores decompostas pelo prisma.

Se agora considerarmos as diferentes funções do organismo, veremos que cada uma delas reproduz o fenómeno da decomposição da luz pelo prisma.[5] Quando comemos, por exemplo, os alimentos representam o feixe luminoso (o 1) que incide sobre o prisma, o estômago (o 3), para dar as 7 cores, ou seja, as 7 forças que são depois distribuídas pelo organismo. Encontramos o mesmo fenómeno na respiração com o ar que respiramos (o 1), os pulmões (o 3) e as 7 forças que são distribuídas no organismo pela respiração.

Estudaremos agora o prisma segundo outro ponto de vista. Suponhamos que os três lados do prisma correspondem ao intelecto (o pensamento), ao coração (o sentimento) e à vontade (a ação). O prisma equilátero é o símbolo de um homem no qual o intelecto, o coração e a vontade estão igualmente desenvolvidos, ou seja, de um homem perfeitamente equilibrado. Ele é inteligente, bom e capaz de realizar os seus pensamentos e sentimentos. Tudo nele é harmonioso... Mas, evidentemente, seres assim são muito raros, e o prisma equilátero representa o Iniciado, o Sábio, o grande Mestre (fig. 3).

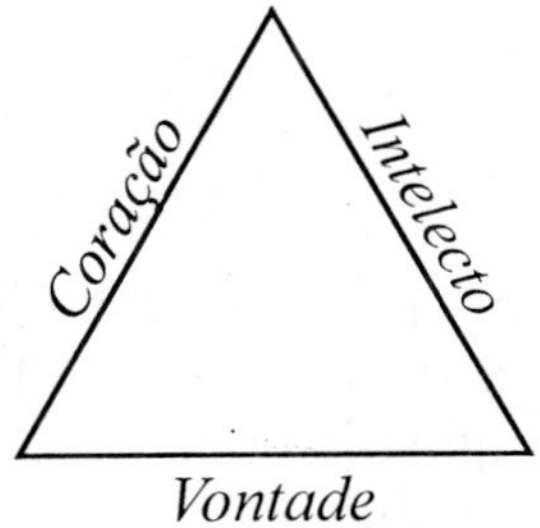

Fig. 3

A maioria dos seres humanos são triângulos com lados desiguais. Alguns têm o lado "vontade" mais desenvolvido (fig. 4), o que significa que, na maioria dos casos, eles se limitam a pôr em prática os projetos dos outros. Outros, pelo contrário, têm os lados "intelecto" e "coração" mais desenvolvidos do que o lado "vontade" (fig. 5); isto quer dizer que essas pessoas refletem e analisam bastante, e que também são muito sensíveis, mas, quando se trata de agir, de realizar, esperam que alguém venha fazer isso em seu lugar.

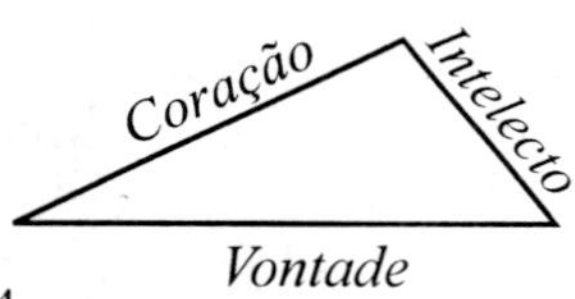

Fig. 4

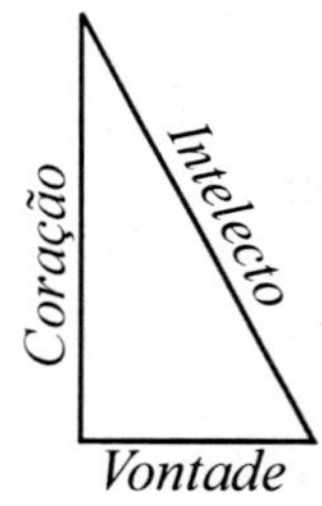

Fig. 5

O triângulo da figura 6 é o símbolo das pessoas inteligentes, ativas, enérgicas, mas egoístas, duras, sem amor nem piedade, pois o lado "sentimento" não está nada desenvolvido nelas. O triângulo da figura 7, em que o coração e a vontade estão mais desenvolvidos do que o intelecto, representa pessoas muito boas e muito generosas que, estando sempre prontas a sacrificar-se, fazem coisas disparatadas e deixam-se enganar pelos outros.

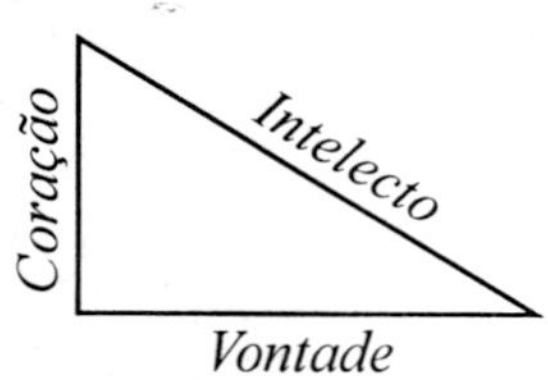

Fig. 6

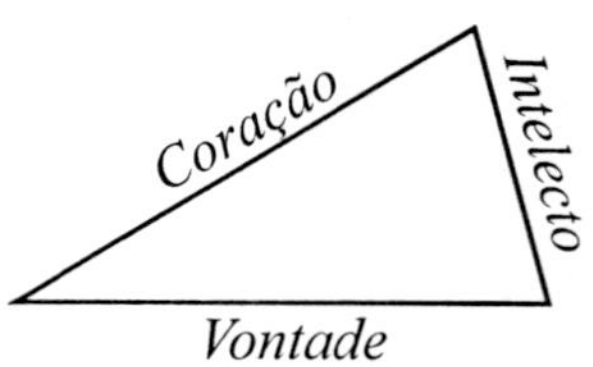

Fig. 7

As combinações e os casos que podemos imaginar são tão numerosos que eu não posso falar-vos de todos, limito-me a resumir. O essencial é compreender que devemos fazer todos os esforços para nos tornarmos prismas equiláteros.

Quando o vértice do prisma está para cima (fig. 8), o feixe das cores vai desde o vermelho (em cima) até ao violeta (em baixo). Contudo, se o vértice estiver para baixo a ordem é inversa: o violeta está em cima e o vermelho em baixo.

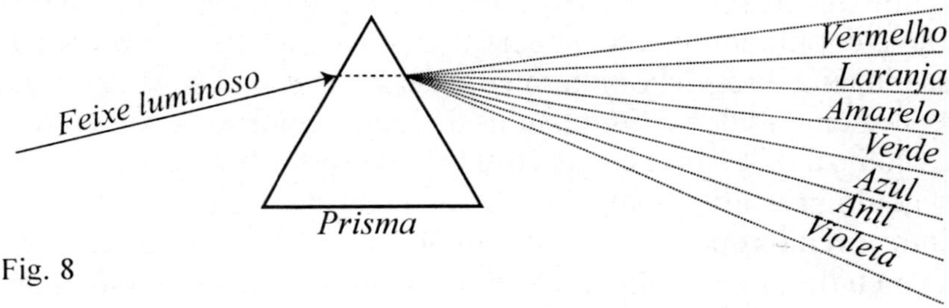

Fig. 8

A distribuição das cores em nós é extraordinária. O vermelho está ligado aos órgãos sexuais, o laranja ao fígado, o verde ao estômago, o azul aos pulmões, o amarelo, o anil e o violeta à cabeça. Cada órgão pode ser curado com a cor que lhe corresponde.

Consideremos agora a figura seguinte.

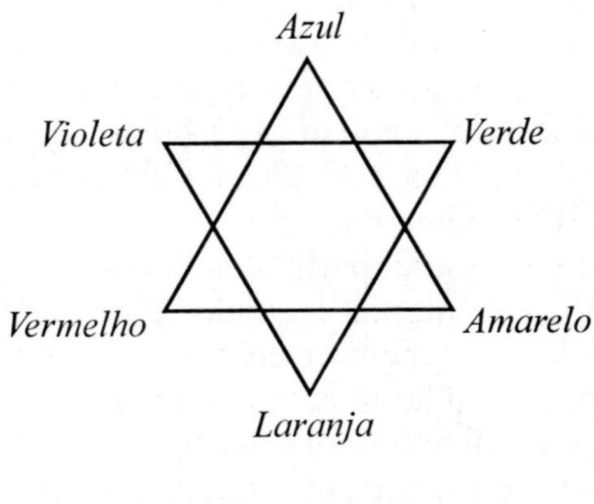

Fig. 9

Comecemos pelo vermelho. Podemos constatar que, se misturarmos o vermelho com o amarelo, que estão situados na base do mesmo triângulo, obteremos o laranja, que se encontra entre os dois, no vértice inferior do outro triângulo. Da mesma maneira, misturando o amarelo e o azul, obtemos o verde, e misturando o azul e o vermelho, obtemos o violeta. Mas, se misturarmos as cores que são diametralmente opostas, como o verde e o vermelho, o azul e o laranja, o amarelo e o violeta, obteremos tonalidades muito feias. Portanto, essas cores não devem ser misturadas. Grandes segredos estão escondidos nas afinidades ou, pelo contrário, nas discordâncias entre as cores. Se não conhecermos a lei segundo a qual cada ser tem uma cor predominante, poderemos provocar catástrofes com a nossa maneira de agir. Por intermédio dessas leis, podemos explicar as consequências de certas misturas de sentimentos e pensamentos, assim como a mistura de certas virtudes e de certas fraquezas. É toda uma alquimia espiritual, mas hoje eu não vou alongar-me sobre este assunto; teremos oportunidade de voltar a abordá-lo noutra ocasião.

O meu desejo é explicar-vos o mais simplesmente possível as grandes verdades sobre as quais o homem pode basear a sua existência, graças às quais ele pode não só melhorar a sua vida, mas também a sua relação com a Natureza e os seres do mundo divino. Eu prometi a mim mesmo falar-vos com uma linguagem clara, simples e ilustrada com imagens, mesmo correndo o risco de ser considerado um orador pouco formal, que não faz quaisquer citações de autores célebres e que entretém o público com ideias infantis.

Pegai num pedaço de papel verde e num pedaço de papel vermelho. Aproximai-os um do outro: o vermelho parece mais vermelho e o verde mais verde. As duas cores, postas lado a lado, intensificam-se uma à outra; mas, como eu já vos disse, se as misturardes, obtereis uma tonalidade feia, com uma cor desagradável. Acontece o mesmo com os seres humanos.

Fazei agora uma outra experiência. Olhai para uma folha de papel vermelho durante alguns segundos e, de repente, desviai o olhar para uma folha de papel branco: vereis aparecer o verde. Se olhardes primeiro para o laranja, vereis aparecer o azul na folha de papel branco, e se olhardes para o azul, vereis surgir o laranja. Porquê? Há leis muito interessantes que podeis encontrar na vida psíquica. Vós meditais sobre um assunto, mas, depois de terdes feito um certo esforço, é um outro pensamento que se introduz em vós. Estes fenómenos mostram a relação que existe entre o vermelho e o verde, ou entre o amarelo e o violeta, dentro de vós. No homem, cada virtude está relacionada com outra virtude, cada qualidade com outra qualidade, e cada movimento com outro movimento, exatamente como as cores estão relacionadas umas com as outras. Também cada fraqueza está relacionada com outra fraqueza. Portanto, basta ao homem despertar em si uma das suas virtudes ou uma das suas fraquezas para com isso desencadear outras que lhes correspondem. Basta desencadear uma paixão para despertar uma outra.

Pode mesmo ocorrer um fenómeno ainda mais curioso: trabalha-se para desenvolver uma virtude, mas vê-se aparecer um vício. Por vezes, acontece também o oposto. Estes factos ajudam-nos a perceber como é que uma pessoa que orou durante anos, que foi muito devota, que foi um modelo de virtudes, um dia é tomada por uma paixão avassaladora e deixa-se ir atrás de todo o tipo de excessos e de vícios. Como é que esses seres despertaram o Inferno na sua alma, quando o seu apelo era dirigido ao Céu? Inversamente, vê-se pessoas que cometiam crimes e se entregavam a toda a espécie de devassidões tornarem-se santos, modelos de bondade, de pureza e de sacrifício.

Deseja-se a pureza, mas muitas vezes é-se visitado pela impureza. Deseja-se a sabedoria, mas muitas vezes encontra-se prazer em ler coisas estúpidas. É referido nos Evangelhos, em várias passagens, que a matéria se opõe ao espírito. Já observastes como, nas árvores, os ramos estão ligados às raízes? À medida que os ramos crescem, tornando-se mais compridos e mais grossos, as raízes também crescem, penetrando cada vez mais profundamente na terra. Se o homem não souber como o mundo superior está ligado ao mundo inferior, ficará muitas vezes surpreendido com o resultado dos seus esforços. Mas voltaremos a esta questão noutra ocasião.

Eu já vos disse que o vermelho está ligado aos órgãos genitais e que o verde está ligado ao estômago e ao fígado. Se, em nós, a cor vermelha não for pura, despertará uma tonalidade verde igualmente baça e impura, e o estômago e o fígado ficarão perturbados no seu funcionamento e já não conseguirão eliminar os venenos. Todas as cores estão relacionadas entre si. Alguém que segue o caminho da sabedoria (amarelo) é necessariamente impelido a adorar o Criador do Universo (violeta), o Mestre dessa sabedoria infinita. A cor violeta, que corresponde à adoração, é a mais espiritual de todas.

Inversamente, alguém que adora o Senhor, que O procura em toda a parte e trabalha para estar constantemente em comunhão com Ele, vê aparecer o amarelo, o que significa que está a tornar-se sábio.

Há tantos mistérios ainda escondidos na luz! No princípio, era a luz...[6] Conhecer a luz é conhecer tudo.

Eu já vos disse que, para os alquimistas e para os astrólogos, a Natureza é feita de 4 elementos fundamentais: o fogo, o ar, a água e a terra. Se observarmos a vida, constataremos que o fogo e a água estão na base da maior parte dos fenómenos que acontecem à face da terra.

Consideremos o esquema seguinte:

Fig. 10

Este esquema representa os triângulos do fogo e da água reunidos. Aqueles de vós que se dedicam à astrologia compreenderão a profundidade deste símbolo. O triângulo do fogo contém as três cores vermelho, amarelo e azul. O vermelho corresponde ao Carneiro, o amarelo ao Leão e o azul ao Sagitário. Estas correspondências estão em concordância com a Natureza dos signos e dos planetas que neles têm domicílio. Carneiro é o domicílio de Marte, o planeta vermelho, ativo, enérgico, combativo. Leão é o domicílio do Sol. Sagitário é o domicílio de Júpiter, o planeta da religião e da espiritualidade elevada.

O triângulo da água contém os signos Caranguejo, Escorpião e Peixes. O verde está ligado ao Caranguejo, o laranja ao Escorpião e o violeta aos Peixes. O Caranguejo é o domicílio da Lua, que rege a imaginação e a sensibilidade. O Escorpião é uma outra casa de Marte, casa de independência, agressividade e orgulho. Os Peixes são a casa de Neptuno, uma casa mística, na fronteira entre os dois mundos.

«Se um homem não nascer da água e do espírito, não poderá entrar no Reino de Deus», disse Jesus. Nós interpretamos estas palavras da seguinte maneira: a água corresponde ao coração, ao amor, ao princípio feminino, passivo. O fogo corresponde ao espírito, à sabedoria, ao princípio masculino, ativo. Nós devemos, pois, nascer nos dois princípios, amor e sabedoria, para podermos entrar no Reino de Deus. Estes dois princípios, o amor e a sabedoria, fazem nascer a verdade. Se alguém disser: «Eu sei o que é a verdade», perguntai-lhe: «Mas... Tu possuis o amor e a sabedoria?... O teu coração é suficientemente vasto para conter o mundo inteiro?... O teu intelecto compreende as leis da Natureza? – Não. – Bom, então, não sabes o que é a verdade.» A verdade é a água e o fogo, o amor e a sabedoria, o pai e a mãe. É por isso que, por Natureza, os homens estão ligados à sabedoria e as mulheres ao amor.[7]

Quando o nosso intelecto for como o Sol e o nosso coração como a água que corre da nascente, teremos nascido pela segunda vez. Em astrologia, só se tem em conta o tema do nascimento físico, da primeira respiração da criança, mas isso é insuficiente. Não se pode conhecer o destino nem o caráter de uma pessoa somente pelo tema do seu nascimento físico, há que considerar também o tema da conceção e o do segundo nascimento, que corresponde ao momento em que a consciência se torna supraconsciência, em que o ser é iluminado, renovado, e nasce no outro mundo. Deve-se escolher momentos perfeitos nos Céus para nascer na terra, mas não é necessário saber astrologia para nascer uma segunda vez. Para nascer de novo, para entrar na nova vida, basta ser alguém cheio de virtudes, viver segundo as ideias do amor, da sabedoria e da pureza. A nova vida não diz respeito somente ao conhecimento teórico, é um estado de consciência, uma certa forma de pensar, de sentir e de agir para o bem dos outros e para o bem de si próprio. Mas, evidentemente, todas as ciências esotéricas nos ajudam e nós podemos estudá-las para facilitar a nossa evolução e penetrar profundamente no significado dos maiores mistérios.

Portanto, é bom estudar a alquimia[8], a astrologia[9], a magia[10], a Cabala[11], mas, para se compreender bem estas ciências, deve--se começar por estudá-las no homem. Nunca compreenderemos a alquimia se não começarmos por estudar a verdadeira alquimia: a nutrição. Não compreenderemos a astrologia se não estudarmos a respiração e a circulação, porque o coração é o Sol que irradia sobre os outros planetas, os órgãos. A Cabala, com todas as séfiras e as hierarquias angélicas, encontra-se na nossa cabeça. A magia encontra-se nos nossos gestos. Sim, sem se aperceber disso, o homem é um mago, e muitas vezes até é um mago negro, por intermédio dos seus gestos, das suas caretas, dos seus olhares, das suas palavras e de todo o seu comportamento.

Os exercícios que vou mostrar-vos são movimentos que pertencem à boa magia, a magia branca. Os magos têm uma varinha; todos vós conheceis o Caduceu de Hermes, que tem duas serpentes entrelaçadas. Hermes é o planeta Mercúrio, que rege o signo de Gémeos. A constelação de Gémeos está ligada aos braços, e não sei se já notastes que as mãos representam duas serpentes.

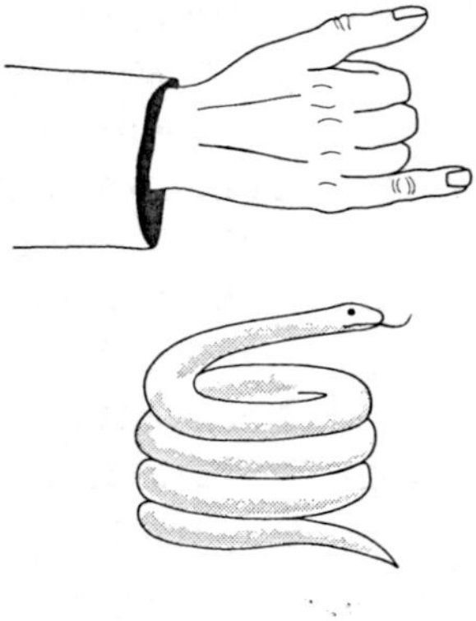

Fig. 11

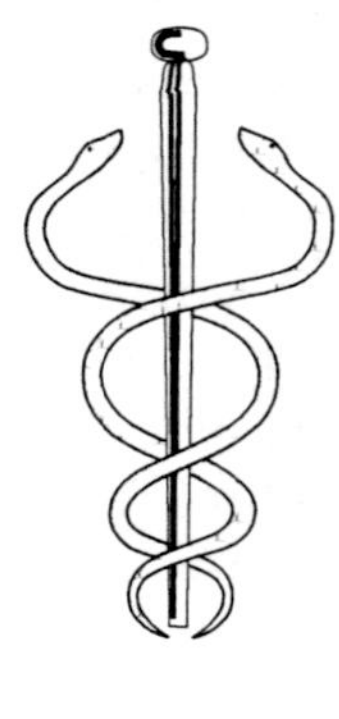

Fig. 12

Aquele que conhece as duas correntes essenciais na Natureza age com as suas duas mãos exatamente como se fossem uma varinha mágica.

Os exercícios que vou mostrar-vos estão baseados em leis muito importantes. Se os fizerdes atentamente e conscientemente, obtereis resultados maravilhosos para a vossa saúde e para o vosso equilíbrio, em todas os planos. Existem várias correntes no Universo, mas as mais importantes são a corrente ascendente, que se dirige de baixo para cima, isto é, do centro da terra para o centro do Sol, e a corrente descendente, que se dirige em sentido inverso. O primeiro exercício que vou mostrar-vos corresponde à corrente descendente e tem como finalidade atraí-la e fazê-la circular perfeitamente em nós. O segundo exercício diz respeito à corrente ascendente.

Estas duas correntes, ascendente e descendente, encontram-se no nosso organismo ao nível do plexo solar, que assegura a sua mistura e a sua boa distribuição por todo o nosso corpo. Isto é muito importante porque, se estas duas correntes não se misturarem ou não forem corretamente distribuídas, a nossa saúde pode alterar-se rapidamente. Por isso, é necessária uma vigilância diária para que haja uma circulação harmoniosa destas duas correntes em nós. É este o propósito dos exercícios que vou agora fazer perante vós. *(Demonstração dos exercícios)*[12]

Na Bulgária, eu vivia na cidade de Ternovo. A nossa Fraternidade reunia-se ali por ocasião dos congressos, a que o Mestre assistia. Eu vivia lá com um amigo, numa pequena casa construída no meio das árvores e das videiras. Aquilo que vou contar-vos é muito interessante, tanto do ponto de vista espiritual como do ponto de vista científico. Um dia, uma pega fez um buraco na portada de uma das minhas janelas. Logo a seguir, algumas abelhas instalaram-se entre a madeira e os vidros e começaram a preparar os favos de cera. Todos os dias, do interior do quarto, eu podia observar como elas trabalhavam. Isso agradava-me imenso, e vi coisas extraordinárias e muito raras do ponto de vista científico. Com efeito, muitos especialistas em abelhas construíram colmeias em vidro, na esperança de observarem as abelhas no seu trabalho, mas, muitas vezes, as abelhas forram as paredes interiores dessas colmeias com uma matéria opaca para se esconderem da vista dos homens. Mas, neste caso, elas não se esconderam, nem de mim nem dos amigos que vinham visitar-me, e, portanto, nós vivemos naquele quarto como numa colmeia. O quarto estava inundado por um perfume delicioso, tão inebriante que se tornou quase insuportável. E eu apercebi-me de que aquele odor me fazia deixar o corpo e viver no mundo invisível.

Quando observei o trabalho das abelhas, compreendi como elas são puras, evoluídas e elevadas, e que nos dão um magnífico exemplo de sociedade superior. Não posso explicar-vos aqui tudo o que vi, mas posso dizer-vos que percebi que as abelhas são os verdadeiros discípulos da Fraternidade Branca, o verdadeiro símbolo do ser que trabalha, que prepara o mel, esse alimento delicioso, único, que é extraído das flores. As abelhas deixaram no meu espírito a imagem perfeita da maneira como nós podemos preparar o mel na vida.

As abelhas não nasceram na Terra; não há insetos comparáveis a elas. Vieram do planeta Vénus especialmente para os Iniciados, os ascetas, os eremitas e todos os homens ocupados em pensar na humanidade, em Deus, no Céu. Nos lugares onde os sábios e os eremitas vivem não há muito alimento; eles pensam em Deus, mas Deus também pensa neles e, por isso, enviou as abelhas para lhes prepararem esse alimento especial. Quando a Terra viu isto (bom, talvez seja uma lenda!), ficou com ciúmes; então, quis produzir também insetos semelhantes às abelhas e criou as vespas. Mas não conseguiu descobrir como as abelhas preparam o mel, e as vespas são apenas capazes de fabricar os favos de cera. As vespas representam os maus discípulos, que apenas sabem como comer o mel e não como prepará-lo, os discípulos egoístas que se servem a si mesmos antes de servirem Deus. É por isso que os segredos da Natureza continuam a estar-lhes vedados.

Para que serve o ferrão das abelhas? Podeis pensar que é para picar os homens ou outros insetos… Não. As abelhas só se servem dele para se defender (pois, quando picam, morrem) e usam-no para preparar o mel. Do seu ferrão flui uma substância particular que elas misturam no mel para o manter inalterável. Quando o mel não contém essa substância, não é bom para ser consumido.

**Omraam Mikhaël Aïvanhov em 1937,
quando chegou a França.**

Deveis também saber que as abelhas são tão sensíveis que conseguem distinguir os homens maus, injustos e aldrabões, daqueles que são justos, bons e honestos. Elas nunca se dispõem a ficar junto de um homem injusto ou mentiroso, afastam-se imediatamente dele. As abelhas detestam também a desarmonia e as vibrações caóticas: o medo, por exemplo. E também não gostam que alguém se aproxime delas quando está a cheirar a alho. Neste caso, lançam-se imediatamente contra o visitante. Compreendeis agora porque é que há uma revolução no vosso estômago quando comeis alho e mel na mesma refeição?

As abelhas representam a sexta raça que está para vir, a nova cultura. Elas gostam da simetria... Já alguma vez vistes a simetria das suas células hexagonais?... Elas têm a ciência das cores e das qualidades das diferentes flores. São o símbolo dos seres que nasceram uma segunda vez.

Aquele que nasceu segunda vez assemelha-se a uma nascente viva, de onde jorra uma água pura e junto da qual vem instalar-se toda uma civilização. A sua religião é a verdadeira religião do amor divino e da sabedoria divina. Para ele, o verdadeiro templo de Deus é o Universo, no qual o Sol é o sacerdote supremo e as estrelas são as velas.

Naquele que nasceu segunda vez, os canais invisíveis estão plenamente abertos, para receber o amor e a sabedoria. Ele representa também o prisma perfeito que distribui as sete forças benéficas a todo o seu ser e as projeta à sua volta para o bem de todos os que o rodeiam. Ele sabe como utilizar o poder do fogo sobre a água. Ele estuda a verdadeira alquimia, a verdadeira astrologia e a verdadeira Cabala, que se encontram, em primeiro lugar, em si próprio. Ele está atento a todos os gestos e a todos os movimentos que faz, com o rosto e todo o corpo, e vigia cada uma das suas palavras.

Finalmente, aquele que nasceu segunda vez compreendeu a lição das abelhas, que nos dão um magnífico exemplo de sociedade superior e que sabem preparar o mel: trabalha para preparar o mel espiritual na sua própria vida.

Eu não pretendo instruir-vos como faria um Mestre, pois toda a ciência e todos os conhecimentos estão em vós, visto que sois filhos e filhas de Deus. Ao falarmos entre nós, poderemos relembrar tudo o que sabíamos, há muito tempo, quando saímos do seio do Eterno. É apenas isso que devemos tentar fazer durante as nossas reuniões.

Faço votos para que, um dia, possais visitar os setes lagos de Rila, onde nós vamos viver todos os verões ao ar livre e sob os raios do Sol, respirando livremente, cantando, regozijando-nos, agradecendo a Deus todas as suas bênçãos e desejando, junto da água pura, tornar-nos semelhantes à fonte de Rila.

Paris, 29 de janeiro de 1938

Notas

1. Cf. *O yoga da alimentação*, Col. Izvor n.° 204, cap. VII: «O jejum – 2. Uma outra maneira de nos alimentarmos».
2. Cf. *Os segredos do livro da Natureza*, Col. Izvor n.° 216, cap. III: «A fonte e o pântano».
3. Cf. *As revelações do fogo e da água*, Col. Izvor n.° 232, cap. IV: «A água, a civilização».
4. Cf. *Do homem a Deus – séfiras e hierarquias angélicas*, Col. Izvor n.° 236, cap. XI: «O corpo de Adam Kadmon».
5. Cf. *Les splendeurs de Tiphéreth – le soleil dans la pratique spirituelle*, Œuvres complètes, t. 10, cap. XII: «Le prisme, image de l'homme».
6. Cf. *A luz, espírito vivo*, Col. Izvor n.° 212, chap. I: «A luz, essência da criação».
7. Cf. *A verdade, fruto da sabedoria e do amor*, Col. Izvor n.° 234, cap. II: «A verdade, filha da sabedoria e do amor» e *As revelações do fogo e da água,* Col. Izvor n.° 232, cap. I: «A água e o fogo, princípios da criação».
8. Cf. *La pierre philosophale – des Évangiles aux traités alchimiques*, Col. Izvor n.° 241.
9. Cf. *O zodíaco, chave do homem e do universo*, Col. Izvor n.° 220.
10. Cf. *O Livro da Magia Divina*, Col. Izvor n.° 226.
11. Cf. *Les fruits de l'Arbre de Vie – La tradition kabbalistique*, Œuvres complètes, t. 32, e *Do homem a Deus – séfiras e hierarquias angélicas*, Col. Izvor n.° 236.
12. Cf. *A nova terra – Métodos, exercícios, fórmulas, orações*, Obras completas, t. 13, Apêndice: os exercícios de ginástica.

II

«Pedi e dar-vos-ão,
Procurai e encontrareis,
Batei e abrir-vos-ão»

Esta tarde, gostaria de vos falar novamente das cores, pois há ainda muitas coisas interessantes para vos dizer sobre este assunto. Mas, antes disso, levar-vos-ei a fazer a subida às montanhas de Rila, iremos lá acima respirar o ar puro.

Comecemos por subir até ao acampamento de verão da Fraternidade... As tendas dos irmãos e das irmãs dispõem-se em socalcos pelas margens de um lago límpido onde flutuam anémonas de água. O terreno aplanado que forma o centro do acampamento parece suspenso sobre o planalto, onde dorme um outro lago, bastante mais pequeno… Sete horas de caminho levaram-nos até lá, sete horas de subida, por vezes dura, através dos prados e das florestas de pinheiros. Estamos a 2300 metros de altitude e podemos abranger com o olhar toda a cadeia de montanhas da Bulgária. Contornemos o lago, ao redor do qual se estende o acampamento, e continuemos a subir em direção aos cumes desnudados e majestosos. Descobrimos, uns a seguir aos outros, mais cinco lagos transparentes, onde se refletem o céu e as montanhas. A forma destes lagos é invulgar: um assemelha-se ao coração, outro ao estômago, outro aos rins… de tal forma que lhes foram dados esses nomes. O mais alto de todos é o mais pequeno: está ligado a um grande lago, situado mais ou menos ao mesmo nível, por uma espécie de corredor. Foi denominado "a Cabeça" e de lá podem ver-se alguns dos outros lagos.

Não nos deixemos atrasar nem pelo encanto das flores da montanha, nem pela beleza da vista, e continuemos a ascensão até ao Mussala, o cume mais alto de toda a cadeia balcânica, que se eleva a 3000 metros de altitude. Lá em cima, a atmosfera é de uma serenidade e de uma limpidez maravilhosas, e nós sentimo-nos mais leves. Uma luz transparente flutua em nosso redor… Sentemo-nos e, neste ar puro próprio dos cumes, vamos interpretar fenómenos bem conhecidos que têm a sua correspondência em diferentes domínios da vida.

Vós sabeis que o vosso corpo está submetido à pressão atmosférica. Esta pressão é tão forte que nos esmagaria completamente, se não fosse compensada pela pressão que reina no nosso organismo. Mas, se nos elevarmos até ao topo das montanhas, a pressão interior é mais forte do que a pressão exterior, o que nos dá uma sensação de leveza; e, se subirmos muito alto, essa pressão interior é de tal ordem que o sangue pode jorrar pelos ouvidos ou pela pele. Pelo contrário, se entrarmos pela Terra adentro, a pressão exterior exerce-se cada vez com mais força e nós sentimo-nos oprimidos, sufocados. Na vida espiritual, ocorrem os mesmos fenómenos. A nossa consciência pode subir e descer... Quando ela sobe, a pressão exterior (quer dizer, os acontecimentos que nos atormentam e causam agitações na nossa vida) faz-se sentir cada vez menos, porque a pressão interna torna-se relativamente mais forte. Pelo contrário, se a nossa consciência desce muito baixo na matéria, sentimos as mais pequenas coisas como se elas fossem montanhas que é preciso erguer. Temos, pois, de elevar-nos, por intermédio do pensamento, para vivermos nos cumes das altas montanhas espirituais.

Simbolicamente, a pressão atmosférica representa as condições externas, o mundo material, e a pressão interna representa o princípio vital que faz esforços para se manifestar exteriormente: o espírito. Existem, pois, duas espécies de filosofia no mundo: uma que ensina que as condições materiais, externas, são o essencial na vida, e que tudo depende delas; e outra que, pelo contrário, ensina que o espírito se manifesta através de cada coisa e que ele tem o poder de modificar as condições materiais.

Quando sentis que a matéria e as condições externas pesam sobre vós e vos limitam, é porque a vossa consciência desceu muito baixo, a pressão externa aumentou. Mas, se vos sentis alegres, livres, cheios de força, é porque, pelo contrário, vos elevastes a uma região muito alta da montanha. Aquele que tem fé no poder do espírito verá as condições da sua vida melhorarem cada vez mais. Mas aquele que acredita que a matéria deve, fatalmente, anular o espírito, será vítima da sua opinião, pois coloca-se a si mesmo nas piores condições. Na realidade, as duas filosofias são igualmente exatas, tudo depende do ponto de vista em que nos colocamos.

Estudemos um pouco a Natureza dos conhecimentos que recebemos todos os dias. Na maioria das vezes, esses conhecimentos limitam-se a um plano teórico... Na Bulgária, havia um padre que falava maravilhosamente acerca da caridade. Estava sempre a repetir estas palavras: «Quando temos duas camisas, não devemos hesitar em dar uma delas», num tom tão patético e com tais tremores na voz que todos os que o ouviam começavam a chorar. Um dia, a mulher deste padre assistiu ao sermão do marido e ficou profundamente tocada pelas suas palavras... Ora, o padre tinha duas camisas... A mulher, quando voltou para casa, foi imediatamente ao armário buscar a segunda camisa e deu-a a um pobre. O marido voltou da igreja e quis mudar de roupa; foi ao armário e, como não encontrou a segunda camisa, chamou a mulher, que lhe confessou tê-la dado. O padre zangou-se. «No entanto, disse-lhe a mulher, foste tu mesmo que disseste que aquele que tivesse duas camisas não devia hesitar em dar uma. – Mulher estúpida, respondeu o marido, quando eu digo isso é para os outros, não para nós.»

Vou contar-vos ainda uma outra anedota. Um dia, um grande cientista dava um passeio pelo mar. A dado momento, perguntou ao barqueiro: «Sabes alguma coisa de astronomia? – Não, responde o barqueiro. – Então, és mesmo pobre, diz o sábio, perdeste um quarto da tua vida. Mas conheces um pouco de física? – Não, não conheço. – Então perdeste dois quartos da tua vida. Mas talvez saibas de química... – De maneira nenhuma, nunca ouvi falar disso. – Que ignorância! Perdestes três quartos da tua vida.» O barco avançava em direção ao alto mar... De súbito, rebentou uma trovoada que provocou uma terrível tempestade. O barqueiro perguntou ao cientista: «Sabe nadar, senhor cientista? – Não, não sei. – Então, exclama o barqueiro, agora são os quatro quartos da sua vida que estão perdidos.»

Estais a ver? Há conhecimentos que não vos são úteis para coisa nenhuma. Assemelham-se a enfeites e servem igualmente para ganhar dinheiro, mas, se vierem as trovoadas, veremos se sabeis nadar! A vida é um oceano, bem o sabeis, e neste oceano há conhecimentos que são bastante mais úteis do que outros: são aqueles que ajudam o homem a viver. Como orientar a nossa vida... Que alto ideal devemos ter... Como transformar os pensamentos e os sentimentos que nos perturbam... Como interpretar os acontecimentos que se desenrolam à nossa volta... Como conhecer as nossas relações com o macrocosmos... Como comer, dormir, lavar-se, respirar, amar... São estes os conhecimentos que devemos adquirir.

O essencial na vida é saber como podemos entrar em harmonia com o mundo superior, o mundo divino.

Jesus disse: *«Pedi e dar-vos-ão,*
Procurai e encontrareis,
Batei e abrir-vos-ão.»

Estas palavras dizem respeito à oração. É muito importante saber orar. Muitas vezes, os homens não só não sabem orar, como sentem uma certa repugnância em fazê-lo e até desprezam aqueles que oram. Orar não é um hábito que esteja na moda. As pessoas consideram-se instruídas e sabedoras e, para alguém que "sabe", é estúpido orar a Deus, não é verdade?

«Pedi e dar-vos-ão, procurai e encontrareis, batei e abrir-vos--ão...» Estas palavras só podem explicar-se pelo conhecimento da trindade formada pelo intelecto, pelo coração e pela vontade, que existe no homem. «Pedi e dar-vos-ão...» Mas pedir o quê? Quem pede em nós?... E quem é que procura?... Quem é que bate?... Aquele que pede é o coração; aquele que procura é o intelecto; aquele que bate é a vontade. O coração pede, mas não pede ciência, nem luz, nem sabedoria; não, ele reclama calor, ternura, amor. E o intelecto, esse não pede, procura, mas não procura o calor, nem o amor, porque no calor o intelecto não funciona bem, adormece; ele procura os métodos, procura a luz. E a vontade bate, porque está aprisionada e quer espaço e liberdade para criar.

Estais a ver aqui, pois, uma outra explicação do símbolo do triângulo.

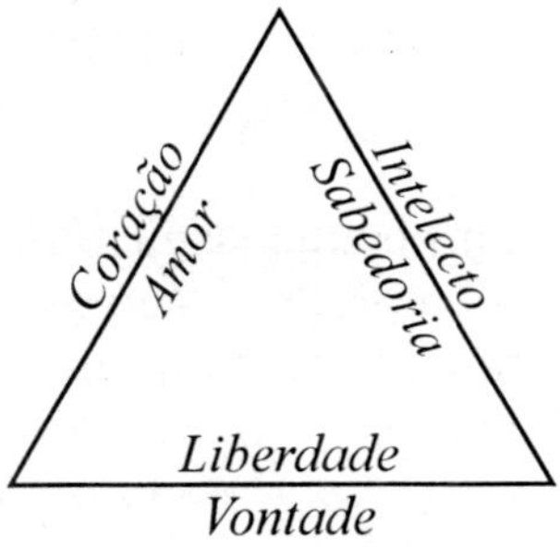

O coração tem por ideal o amor divino; o intelecto tem por ideal a sabedoria divina; a vontade tem por ideal o poder divino. A liberdade só chega através da verdade, que é a fusão do amor com a sabedoria. Jesus disse: *«A verdade libertar-vos-á.»*

Se quiserdes aprofundar mais esta questão, dir-vos-ei que o amor, a sabedoria e a liberdade não são mais do que o elixir da vida imortal, a pedra filosofal e a varinha mágica que os sábios procuram. Sim, o elixir da vida imortal ser-nos-á trazido pelo amor. Até agora, procuraram-no sempre em vão porque, sem amor, não é possível encontrá-lo. Só o amor traz a verdadeira vida, a vida imortal. Aquele que procura, pede a sabedoria, a luz, porque não se procura as coisas na escuridão, mas em plena claridade. É por isso que a palavra "procurar" continua ligada à luz, à sabedoria. E aquele que procura a luz encontrará a pedra filosofal, o mercúrio dos sábios, a chave que permite compreender as ligações existentes entre as coisas e todos os segredos da Natureza. Aquele que tem uma vontade justa e reta fará com que lhe abram a porta; ser-lhe-á dada a liberdade e ele encontrará a varinha mágica.

O elixir da vida imortal é o amor divino.

A pedra filosofal é a sabedoria divina.

A verdadeira varinha mágica é a verdade que traz a liberdade absoluta.

Portanto, quando Jesus dizia *«Pedi e dar-vos-ão, procurai e encontrareis, batei e abrir-vos-ão»*, ele subentendia que, para uma oração ser eficaz, deve ser feita com a participação dos tês princípios: o intelecto, o coração e a vontade. Então, sim, vós sois ouvidos, porque o vosso ser está inteiramente ligado ao mundo invisível. Se não obtiverdes resultados, não deveis concluir que Deus não existe, mas sim que orais mecanicamente, sem que o vosso coração e a vossa vontade participem na oração.[1]

Contar-vos-ei agora duas pequenas histórias, que vos ensinarão mais sobre a oração do que todos os discursos. Num convento, vivia um monge muito simples e até bastante ignorante; mas todos os dias, ao lavar a loiça e ao varrer – era essa era a sua ocupação quotidiana –, ele dizia com todo o fervor: «Ó meu Deus, lava a minha alma da mesma forma que eu lavo estes pratos… Limpa o meu coração das suas impurezas como eu limpo este chão». Rezando assim durante anos, ele tornou-se tão puro, tão iluminado, tão santo, que todos os bispos e cardeais vinham consultá-lo, pois ele era visitado pelo Espírito Santo.

E agora a segunda história. Um dia, um bispo quis passear de barco num grande lago de uma montanha. Do outro lado do lago, encontrou um pastor que, à beira da água, apascentava o seu rebanho, com uma face iluminada de paz e de alegria. O bispo chamou-o e perguntou-lhe se acreditava em Deus e de que forma rezava. O pastor, muito contente com aquela honra, respondeu muito humildemente: «É simples! Para agradecer a Deus, pouso o meu cajado na erva e salto por cima, de um lado para o outro.» O bispo, indignado, gritou: «Mas isso não tem sentido nenhum! Não se reza assim. Vou mostrar-te como é que se deve fazer.» E começou a explicar ao pastor, durante imenso tempo, como se deve ajoelhar e quais as frases que se deve pronunciar para exprimir a sua gratidão ao Senhor. O pastor escutou com muita humildade e sentiu-se muito contente por aprender a rezar melhor. O bispo deixou-o e voltou para a barca, que se afastou da margem… Já ele estava longe, quando viu o pastor correndo para ele, a gritar: «Padre, diga-me novamente as palavras da oração, pois já as esqueci.» Vendo-o caminhar sobre a água, o bispo, assustado, respondeu: «Meu filho, reza como quiseres, pois sabes fazê-lo melhor do que eu.»

Na vida, acontece-nos encontrar pessoas simples que não têm qualquer saber filosófico ou científico, mas que vivem verdadeiramente. Porque é que o Cristo não surgiu num meio de homens de ciência?... Bom, peço-vos que me compreendais: não tenho nada contra os homens de ciência, eu próprio procuro saber o máximo de coisas possível, mas quero que fiqueis a perceber que, muitas vezes, nós esquecemo-nos daquilo que é o mais importante na vida: a gratidão para com o Senhor. Temos conhecimentos inúteis e, por outro lado, pensamos que o mundo está mal construído, que poderíamos dar-lhe outra forma (melhor, claro!) e que corrigiríamos o plano de Deus, a quem damos a nossa opinião.

Objetareis que a ciência está acima de tudo. Não, devemos aprender a gratidão. Se todos os dias agradecemos ao Senhor, se ficamos contentes com tudo o que Ele nos deu, possuímos o segredo mágico que pode transformar toda a nossa vida. Aquele que agradece aumenta o amor e a luz que tem em si e melhora as suas ações. Ele olha o mundo com outros olhos e, um dia, apercebe-se de que os homens se abrem com ele, porque espalha a luz e a alegria à sua volta. Aqueles que o encontram dizem: «Temos de fazer qualquer coisa por este homem, ele é tão simpático!» E Deus entra no seu coração para ajudar, através deles, aquele que lhe agradece.

Se os bancos do Alto estão fechados, bem podereis bater a todas as portas, que ninguém vos dará nada, porque, na realidade, não são os homens que dão. Se os bancos celestes estiverem fechados, ninguém vos dará ouvidos, lá de cima impedirão os homens de vos darem o que quer que seja.

Quando eu vos digo que sois muito ricos, não acreditais em mim; no entanto, posso provar que sois milionários, sem o saberdes. Direi: «Queixas-te de que és pobre… Pois bem, dou-te dez milhões pelas tuas mãos.» Vós recusais dar-mas por esse preço. «Então, dá-me os teus olhos por cem milhões.» Recusareis uma vez mais e, se eu vos pedir a vossa língua ou o vosso nariz, mesmo por somas fantásticas, continuareis a recusar. Então, sois milionários! Alguém que possui propriedades, castelos, será considerado pobre, por não ter realmente dinheiro nas mãos? Pensais que sois pobres porque não possuís moedas de ouro ou notas, mas, na realidade, esse dinheiro não vos é verdadeiramente útil.

Não fazeis a menor ideia do que é mais importante para vós. Por exemplo, trocais frequentemente a vossa tranquilidade por coisa nenhuma e, quando quereis apresentar-vos perante Deus, não tendes um rosto interior adequado. Muitas vezes, trocais também o vosso intelecto por nada. Deveis saber que existe na Natureza uma hierarquia de valores e, de agora em diante, distinguir aquilo que é muito importante daquilo que é menos importante.

Retomemos a imagem do prisma. Se o vértice está virado para baixo, o espetro de cores vai do violeta (em cima) até ao vermelho (em baixo).

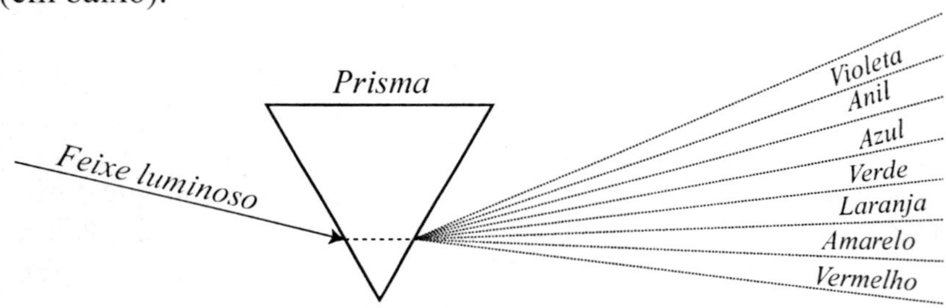

As cores ensinam-nos como entrar em relação com os mundos superiores e todas as fraternidades brancas da Terra. A cor vermelha é a que tem as vibrações de mais baixa frequência; ela está ligada às necessidades vitais do homem. No triângulo coração-intelecto--vontade, de que vos falei na conferência anterior, ela representa a vontade. O amarelo representa a inteligência, a sabedoria, o pensamento; e o azul representa os sentimentos religiosos, a doçura, a música, o coração.

Todas as cores têm uma ligação com o nosso cérebro, cujos centros são como antenas que captam cada uma das ondas. Se tiverdes uma série de diapasões que dão notas diferentes e fizerdes vibrar um deles, todos os outros ficarão mudos. Pelo contrário, se tiverdes um diapasão idêntico àquele que fizestes vibrar, ouvi-lo-eis ressoar ao mesmo tempo. O nosso cérebro está construído segundo as leis da Natureza. Nele, todos os centros são como diapasões diferentes, construídos para vibrar em ressonância só com certas ondas. Suponhamos que as vibrações de cor vermelha atingem o cérebro; neste caso, só os centros situados na parte anterior do crânio começam a ressoar. O vermelho excita o amor sexual (centro situado na região posterior da cabeça) e os centros situados por cima e atrás das orelhas correspondem à destruição e à crueldade. Podeis verificar que todos os animais selvagens têm uma cabeça muito larga ao nível das orelhas. Todos os seres que têm esta zona particularmente desenvolvida são cruéis, criminosos, destruidores, se os seus centros espirituais não estiverem também muito desenvolvidos para impedir as suas tendências criminosas de se manifestarem.

As vibrações da cor amarela passam através de todos os órgãos, mas os únicos diapasões que lhes respondem são os centros situados no meio e no cimo da fronte. Se mergulharmos na cor amarela, desenvolveremos as faculdades científicas e filosóficas. Se nos banharmos na luz azul, ela excitará os centros da espiritualidade situados no topo da cabeça.

Na Natureza circulam correntes de toda a espécie; umas vivificam-nos e outras, pelo contrário, desagregam-nos. Podemos utilizar as propriedades dessas correntes para descer ao inferno ou para nos elevarmos às regiões superiores. Para entrarmos em harmonia com as correntes benéficas do Universo, devemos ter unicamente pensamentos elevados, sentimentos puros e espirituais.

No sábado passado, eu disse-vos que a alquimia da vida se encontra no estômago, que a astrologia se encontra na respiração e na circulação, que o cérebro está ligado à Cabala e os braços à magia. De que maneira?... Quando comemos, construímos o nosso edifício, o templo do espírito.[2] Se a matéria que absorvemos e que serve para esta construção não é pura, não podemos introduzir em nós boas correntes. Se comemos carne, todas as células do reino dos animais que tivermos absorvido entram na construção do nosso corpo, mas elas não nos são devotadas e não gostam de nós. Opõem-se, portanto, à nossa vontade e, quando queremos realizar atos superiores, elas recusam participar neles. Através da carne, tudo o que pertence ao domínio dos animais – o medo, a crueldade, etc... – entra também em nós e, quando queremos desenvolver o nosso ser superior, encontramos dificuldades, porque estas células animais não obedecem ao nosso desejo. Elas têm uma vontade própria dirigida contra a nossa. Dir-me-eis: «Sim, mas a carne é deliciosa.» Talvez, mas, se interrogardes os micróbios, também eles vos dirão até que ponto a carne humana é deliciosa. Aquilo que eu estou a dizer-vos é para aqueles que querem evoluir; os outros podem agir como muito bem entenderem, mas, mais tarde, pagarão muito caro os seus erros.

Devemos ingerir uma alimentação pura, mas também fazer entrar em nós sentimentos puros, pensamentos puros. É o melhor método para nos elevarmos, para subirmos a encosta da montanha e atingirmos o cume.

Se estudarmos o símbolo astrológico do Sol ☉, veremos que ele representa o cume de uma montanha, pois este símbolo é a projeção do vértice de um cone sobre a sua base.

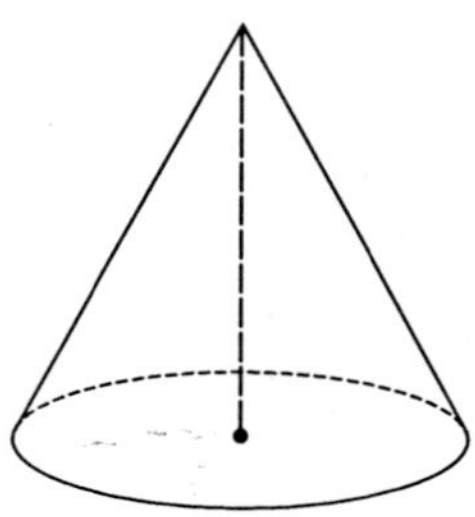

O símbolo ☉ é o símbolo do Sol, que é o centro do nosso sistema planetário. Em termos esquemáticos, ele representa igualmente os nossos olhos, que são também duas montanhas. O olho direito é a montanha do Sol e o olho esquerdo é a montanha da Lua. Mas falaremos sobre este assunto numa outra ocasião.

Agora, vou contar-vos um conto muito antigo, que certamente já todos conheceis. Era uma vez um rei que tinha uma filha. Já não sei quais foram os acontecimentos na sequência dos quais a moça adormeceu, mas ela ficou prisioneira num palácio cheio de tesouros fabulosos e guardado por um dragão. Houve muitos príncipes que tentaram libertá-la, mas nenhum o conseguiu. Contudo, um dia, um príncipe mais corajoso, mais nobre e mais belo do que os outros conseguiu a vitória: ele domou o dragão, que lhe serviu de montada para viajar no espaço com a princesa. O que significa esta história?... A princesa é a nossa alma e o dragão está em nós: nas nossas paixões, nos nossos vícios... O príncipe que consegue salvar a princesa é o nosso espírito. Ele salva-a graças à sabedoria – pois o príncipe sabia – graças ao amor – porque o príncipe amava ardentemente a princesa e foi este amor que lhe permitiu atravessar todas as provas – e graças à vontade, que é o verdadeiro poder. O amor, a sabedoria e a verdade permitem-nos dominar as paixões que em nós existem, transformá-las e, finalmente, utilizá-las para agir no mundo. Isto quer dizer que, para salvarmos a nossa alma das garras do dragão (do princípio das paixões), devemos pedir todos os dias o amor divino, devemos procurar todos os métodos da sabedoria divina e devemos bater incessantemente para obter a liberdade.

Existe um princípio absoluto na Natureza: tudo o que é inferior deve obedecer ao que é superior; mas, se o superior cai em grandes erros, o inferior revolta-se e destrói-o. Se a raça branca, por exemplo, persistir em só se preocupar com a satisfação das suas tendências egoístas, despertará (como já começou a fazer) as forças maléficas que existem à sua volta e que procurarão manifestar-se através de um qualquer condutor. Este fenómeno do despertar progride lentamente, à maneira de um desprendimento de terras, de uma corrente de lava, mas numa escala gigantesca. Chegará o dia em que as consequências serão de uma tal envergadura que envolverão a Europa inteira. Isto foi previsto desde sempre pelos astrólogos: se a raça branca não se corrigir, as raças amarelas e negra, que eram submissas e obedientes, despertarão e destruí-la-ão. Tendo em conta a forma como os Ocidentais resolvem os seus problemas, das suas soluções só podem resultar catástrofes. O intelecto não chega, o saber não chega... Uma outra cultura deverá aparecer: a do amor e da fraternidade entre os homens.

Entre o mundo superior e o mundo inferior existem barreiras que são idênticas à que é representada pelo plexo solar, esse diafragma astral que impede os elementos inferiores de subirem para um plano mais elevado.[3] Quando um homem é puro, o seu plexo solar pode preservar o organismo da invasão de elementos inferiores, mas, quando ele não vive segundo as leis da Natureza, deixa-se invadir pelas forças que vêm de baixo. Os Europeus, se persistirem na sua vida de impurezas e desordem, quebrarão as barreiras invisíveis que os protegem e darão às forças negativas a possibilidade de se manifestarem em todos os domínios da existência. Não há palavras para exprimir o que se irá passar, e apenas uma coisa pode preservar a Europa: o laço vivo de amor fraterno entre todos os homens.

A França é, atualmente, o meu país; eu amo-a sinceramente. Nós podemos fazer muito pela vossa pátria; isso depende de vós, de todos. Nós devemos preparar ondas poderosas, pedindo ao Céu que a sua bênção desça sobre a França, sobre a Europa, sobre toda a humanidade.

Antes de terminar, retomarei rapidamente algumas ideias.

Não permitais que a vossa consciência desça até ao ponto em que já não sentis em vós o poder do espírito, em que as condições materiais vos esmagam. Subi ao cume das altas montanhas espirituais, onde podeis respirar o ar puro e de onde vedes claramente todas as coisas.

Que nas vossas orações participem o vosso intelecto, o vosso coração e a vossa vontade. Pedi o elixir da vida imortal, que é o amor divino. Procurai a pedra filosofal, que é a sabedoria divina. Batei, com a vontade, para obter a liberdade através de ações justas, honestas e verídicas.

Entre todos os conhecimentos, escolhei aqueles que vos ensinam a nadar no oceano da vida. É preciso que saibais que a força única que permite realizar os milagres da vida não se encontra nos conhecimentos filosóficos e teóricos, mas na simplicidade da existência e na manifestação do amor, da fé e da esperança.[4] Por isso é que o pastor, através da sua vida simples e sincera, estava mais próximo da verdade do que o bispo cheio de saber teórico.

Se quisermos modificar o nosso destino, desenvolvamos em nós o sentimento de reconhecimento, porque existe na gratidão uma força mágica bastante mais poderosa e eficaz do que todos os talismãs fabricados pelos homens.

Se quisermos dominar as nossas paixões e os nossos instintos, e que todas as nossas células obedeçam às nossas ordens, comamos alimentos puros, vegetarianos.[5]

Só a vida pura pode preservar-nos da invasão das forças inferiores. A pureza é a barreira que nos protege de todas as invasões maléficas. Graças ao amor, à sabedoria e à verdade, nós, os verdadeiros príncipes, salvaremos as nossas almas, perseguidas pelo dragão e, unidos a elas, montando o dragão vencido, voaremos no espaço para visitar o Universo, contemplando a sua beleza e escutando as harmonias celestes. Então, compreenderemos como a vida é grandiosa e plena de sentido.

Pedi e dar-vos-ão!
Procurai e encontrareis!
Batei e abrir-vos-ão!»

Paris, 5 de fevereiro de 1938

Notas

1. Cf. *A oração,* Brochura n.° 305.
2. Cf. *Criação artística e criação espiritual*, Col. Izvor n.° 223, cap. XII: «A construção do templo».
3. Cf. *Centros e corpos subtis – aura, plexo solar, centro Hara, chacras...*, Col. Izvor n.° 219, cap III: «O plexo solar».
4. Cf. *La foi qui transporte les montagnes*, Col. Izvor n.° 238, cap. I: «La foi, l'espérance et l'amour».
5. Cf. *O yoga da alimentação*, Col. Izvor n.° 204, cap. IV: «A escolha dos alimentos», e cap. V: «O vegetarianismo».

III

A verdade oculta nos olhos

Esta tarde, vou falar-vos uma vez mais das cores, mas de um ponto de vista diferente do das conferências anteriores.

Todos vós conheceis o pentagrama, a estrela de cinco pontas. O nosso Mestre, Peter Deunov, disse-nos muitas vezes que o pentagrama representa o homem que possui as cinco virtudes perfeitamente desenvolvidas: a bondade, a justiça, o amor, a sabedoria e a verdade. De um outro ponto de vista, o pentagrama representa também os cinco sentidos: o tato, o paladar, o olfato, o ouvido e a vista.[1]

Podemos dispor as cinco virtudes no pentagrama da seguinte maneira:

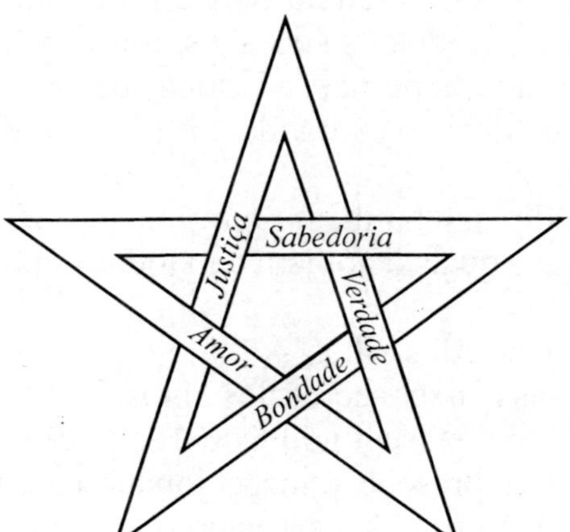

O Mestre também deu a seguinte regra: «Põe a bondade como base da tua vida, a justiça como medida, a sabedoria como barreira, o amor como deleite e a verdade como luz.»

Se refletirmos sobre o sentido destes conselhos, achá-los-emos extraordinariamente acertados.

A bondade é uma base sobre a qual tudo deve assentar. Mesmo que o edifício seja belo e inteligente, cairá por terra se não estiver assente na bondade.

A justiça é uma qualidade que permite medir as coisas, apreciá-las, distingui-las...

Sem o amor, a vida parece insípida; mesmo que o homem tenha grandes riquezas, conhecimentos intelectuais e glória, sem o amor não terá gosto pela vida...

A sabedoria é uma barreira; é graças a ela que podemos defender as boas qualidades, que Deus nos deu, da ação das forças negativas e de todos os inimigos visíveis e invisíveis. Se faltar a sabedoria, os animais entrarão e devastarão o jardim da nossa vida.

A verdade é a luz que ilumina o nosso caminho. Sem ela, ficamos na escuridão total, vivemos na mentira e no erro.

Estas cinco virtudes são necessárias ao desenvolvimento do homem. Infelizmente, hoje em dia só muito poucas pessoas conhecem a ligação que existe entre as virtudes e o organismo humano. No entanto, a verdadeira ciência reside no conhecimento dessa ligação, como, aliás, todos os sucessos, todos os êxitos da vida. A bondade está ligada às pernas, a justiça aos braços e às mãos, o amor à boca; a sabedoria está ligada aos ouvidos e a verdade aos olhos.

As cinco virtudes são também representadas pelos cinco dedos das mãos, graças aos quais o homem tem todas as possibilidades de agir, de criar.

Hoje, vou falar-vos dos olhos.

Há muitas coisas a dizer acerca dos olhos. Vós sabeis que existe uma ciência, a iridologia, segundo a qual se pode deduzir todas as doenças, passadas ou presentes, inspecionando atentamente a íris. Todos os órgãos estão representados no olho, mesmo os próprios olhos. Através dessa observação, pode descobrir-se se vos falta um só dente que seja. Diz-se frequentemente que os olhos são o espelho da alma, e é verdade. Pode ler-se neles a sabedoria, a bondade, tudo o que não é visível no homem de imediato.

Esquematicamente, o olho é um círculo em cujo centro se encontra um ponto ☉. Vós sabeis que é também este o símbolo do Sol. Para os astrólogos, o olho direito está ligado ao Sol e o olho esquerdo está ligado à Lua, e se, no horóscopo, o Sol e a Lua estiverem num aspeto desfavorável, os olhos sofrerão, seja por acidente, seja por doença; isso depende dos aspetos dos planetas e das casas em que eles se encontram.

Os Iniciados estudaram com muita atenção todas as imagens da Natureza; observaram todos os sinais inscritos na mão, no rosto, nas plantas, nas pedras, nos astros, e resumiram algumas das suas descobertas nos signos astrológicos. Hoje, eu vou tentar explicar-vos em profundidade o simbolismo do olho, e apenas vos peço um pouco de paciência. Quando deparais, na rua, com um pintor a trabalhar num quadro, inicialmente vedes apenas traços e manchas de cores que vos parecem não ter qualquer sentido. Mas, se continuardes a olhar, pouco a pouco vereis as linhas a unirem-se, as cores a harmonizarem-se e, finalmente, o quadro tornar-se-á algo claro. Pois bem, eu sou, para vós, como um pintor na rua. Tende, pois, um pouco de paciência e, por enquanto, contentai-vos em olhar para os traços que eu vou desenhando, um após outro, perante vós.

Desde os tempos mais remotos que os homens têm utilizado imagens e símbolos para exprimir as verdades mais profundas, mas, para se poder interpretar essas imagens e esses símbolos, há que vivificá-los, há que insuflar neles o espírito; esses símbolos representam realidades vivas que estão em nós, e nada significam enquanto nos limitarmos a estudá-los de uma forma exterior a nós. Na Antiguidade, os Mestres colocavam os seus discípulos diante de figuras simbólicas (por exemplo, aquelas que hoje constituem as cartas do Tarô), que eles tinham de vivificar, quer dizer, cujo sentido e aplicação tinham de encontrar na própria vida. E assim, se conseguirmos encontrar o sentido profundo da forma da boca (com a língua), dos ouvidos (com o órgão de Corti) e dos olhos, descobriremos uma ciência extraordinária.

O símbolo do olho está representado em todo o lado – nos domínios fisiológico, matemático, astrológico, botânico, alquímico, mineral, vegetal, animal, humano – e nós devemos tentar descobri-lo em todo o lado. Eu já vos disse que, do ponto de vista astrológico, ele é o símbolo do Sol; mas, por que razão é ele desenhado com um ponto no centro? O círculo é o símbolo do Universo, do Ser supremo, e o ponto representa a sua manifestação. O círculo sem o ponto central é a representação do Ser supremo não manifestado, o Absoluto; mas, quando o círculo tem um centro, representa o Ser supremo em estado de manifestação.[2]

Se considerarmos este símbolo de outro ponto de vista, vemos que ele é a imagem da célula: o ponto central é o núcleo; o espaço entre o centro e a periferia é o protoplasma, e o círculo representa a membrana. O princípio masculino manifesta-se sempre por radiações retilíneas, e o princípio feminino por ondas circulares. A eletricidade move-se em linha reta, enquanto o magnetismo forma ondas circulares. Nas altas montanhas, onde circulam correntes elétricas, essas correntes, que são paralelas ao solo, desnudam completamente a terra e os rochedos, matando toda a vegetação. Pelo contrário, nas planícies, onde se manifesta o magnetismo, a vegetação é abundante. Encontramos essas mesmas leis no rosto: todas as formas alongadas e retilíneas são moldadas pela eletricidade; todas as formas arredondadas são moldadas pelo magnetismo. O princípio masculino que trabalha na Natureza cria todas as formas retilíneas e o princípio feminino cria todas as formas curvas. O símbolo que representa estes dois princípios em ação no Universo é o Sol, que se manifesta através de raios que partem do centro e de círculos concêntricos que se propagam a partir do centro até à periferia.

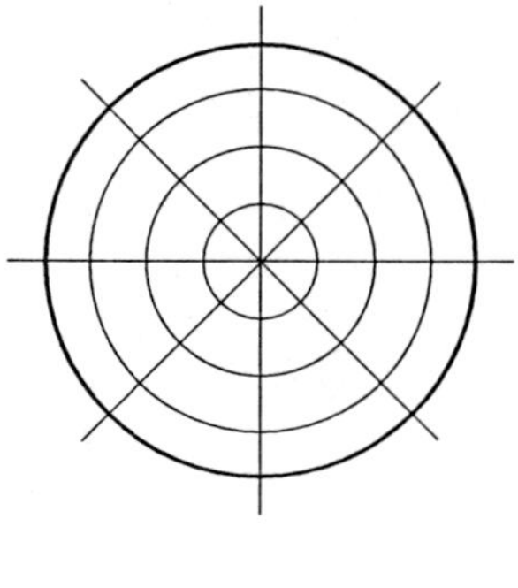

Encontramos esta figura quando se corta um tronco de árvore, no qual agem, ao mesmo tempo, os princípios masculino e feminino.

Mas voltemos ao olho. Vós sabeis que, na escuridão, a pupila se dilata, ao passo que, com a luz, ela se contrai, e tanto mais quanto mais intensa for essa luz. Estes movimentos de dilatação e de contração fazem-se segundo linhas circulares. Quando a pupila está completamente contraída, a imagem do olho é o verdadeiro símbolo do Sol.

Se adotarmos o ponto de vista alquímico, este símbolo ⊙ representa o ouro. O ouro é um metal nobre, que resiste à oxidação, é uma condensação dos raios solares, e é por isso que, instintivamente, o homem deseja o ouro: por causa da sua ligação com o Sol. Os raios solares atravessam o espaço e depois penetram na Terra, onde certas criaturas da Natureza recebem essa força e fabricam o ouro que, na realidade, é uma condensação da energia solar. O homem que possui muito ouro é rico e estimado no mundo. Mas não basta possuir ouro exteriormente; também é preciso possuir ouro interiormente, porque é esse ouro que nos permite resistir às doenças, aos sofrimentos, ao desalento.[3] Por hoje, não vou dizer-vos mais nada sobre este assunto; deixo a cada um a liberdade de acreditar ou não nas minhas palavras.

Do ponto de vista geométrico, o símbolo ⊙ é a projeção de um cone. Eu já vos expliquei que a cada cor corresponde uma onda de frequência, que é tanto mais elevada quanto mais nos aproximamos do violeta. As cores do espetro sucedem-se sem descontinuidade, e não se sabe, por exemplo, onde acaba o amarelo e onde começa o laranja. Nós podemos dizer, sem nos enganarmos: «Aqui está o amarelo, aqui está o laranja», mas, se tentarmos encontrar o limite entre os dois, verificaremos que isso é absolutamente impossível. E o mesmo se passa em numerosos domínios, em que não podemos encontrar nem fixar o limite das coisas. Evidentemente, se olharmos um pouco de longe e de fora, podemos dizer: «Isto está bem... Isto está mal...» Mas tentai encontrar o limite entre os dois; não podeis, nem ninguém pode. Apenas se pode dizer que o mal é o lado inferior e o bem o lado superior, mas passa-se de um para o outro sem se dar por isso. Em relação à alma e ao corpo, também não é possível distinguir onde acaba o corpo e o onde começa a alma. E como fixar os limites dos corpos etéricos, astral e mental? Eles são diferentes uns dos outros, toda a gente está de acordo neste ponto, mas ninguém pode dizer como esses corpos estão ligados entre si, nem precisar quais as relações que unem os processos de transformação da alma aos do corpo físico.

Em todos os domínios, tudo progride impercetivelmente de baixo para cima, e nós devemos regozijar-nos que assim seja, pois é isso que nos permite subir os degraus até ao cume. Por vezes, acontece-nos subir ao Paraíso: estamos felizes, confiantes. Mas algumas horas mais tarde deixamo-nos ir abaixo e sentimo-nos no Inferno: tudo é tristeza, sofrimento, desespero. Veremos mais tarde como podemos subir e descer essa escala* de vibrações: a escada de Jacob.

Os comprimentos de onda das vibrações luminosas formam uma sequência contínua, que vai dos mais longos (vermelho) aos mais curtos (violeta). Num meio a duas dimensões, pode-se associar, a esta cadeia formada pelos comprimentos de onda, uma curva em forma de espiral, que se torna uma hélice cónica no espaço a três dimensões. *(ver página seguinte)*

O vértice do cone, que representa o centro do círculo, corresponde às vibrações de comprimentos de onda curtos, ou seja, às frequências mais elevadas. É nesse ponto que se encontra a paz espiritual, que não é uma paz estática, mas sim um estado de vibrações intensas, no seio do qual se realizam as atividades mais sublimes. É nessa paz que o espírito se manifesta da maneira mais perfeita. O cone é o símbolo do Sol; é também o símbolo das montanhas. Os Iniciados esconderam nele grandes segredos. Aquele que sobe a encosta de uma montanha, física ou espiritual, compreende o símbolo do Sol: lá do alto, ele vê tudo. Do ponto de vista simbólico, é o Sol o ponto culminante do nosso sistema. Tudo o que é bom vem-nos do Sol. É Deus que se manifesta através do Sol e nos envia as suas bênçãos.

* No original, é usada a palavra «échelle», que significa «escala» e também «escada». (N. T.)

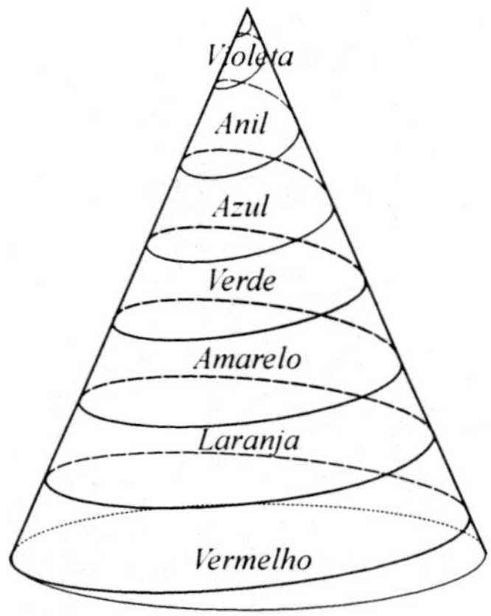

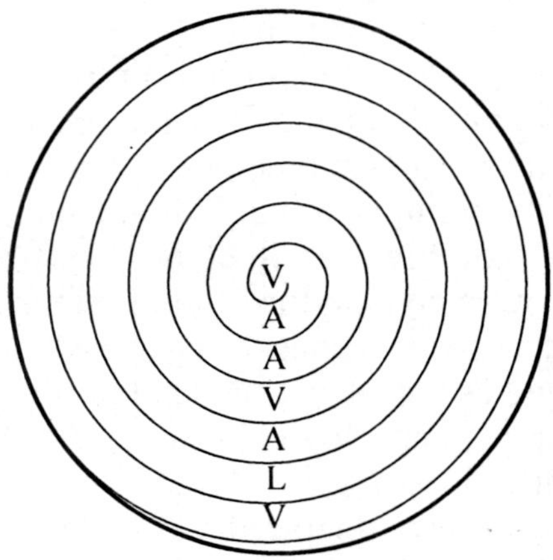

Os olhos estão ligados à verdade. Jesus disse: *«Se o teu olho for puro, todo o teu corpo estará na luz.»* É evidente que ele não se referia aos olhos físicos, mas a um olho espiritual, o terceiro olho, o olho místico, graças ao qual nós podemos ver tudo.[4] Os nossos dois olhos físicos e o terceiro olho formam um prisma, graças ao qual as correntes que nos atravessam – os pensamentos, os sentimentos – reforçam a nossa aura e a tornam sensível ao mundo divino. *(ver página seguinte)*

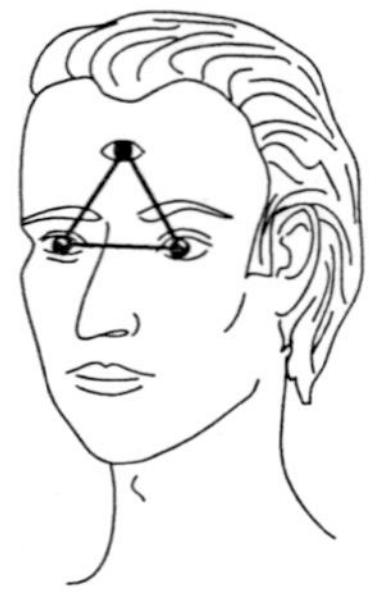

Por enquanto, nós recebemos a luz apenas com os olhos físicos, pois o nosso terceiro olho está obstruído por pensamentos e sentimentos inferiores que nos impedem de nos apercebermos das correntes do Alto; por conseguinte, só recebemos as correntes inferiores, que não conseguimos evitar.

O terceiro olho é a antena que permite aos Iniciados entrarem em comunicação com o mundo divino. Podemos exercitar-nos todos os dias a concentrarmo-nos nesse olho. É um bom exercício, que nos permite entrar num domínio extraordinariamente elevado, de onde temos uma outra visão das coisas. Imaginai duas pessoas colocadas, uma no interior e outra no exterior de uma esfera. Aquela que está no interior diz que a esfera é côncava, a que está no exterior diz que ela é convexa, e ambas discutem, mantendo cada uma o seu ponto de vista. Essas duas pessoas são a ciência e a religião: a ciência, que olha as coisas a partir do exterior, diz que o Universo é convexo, e a religião, que as olha a partir do interior, afirma que ele é côncavo... Mas eis que chega uma terceira pessoa, que diz: «Estais ambos certos e errados: o Universo não é côncavo nem convexo, é as duas coisas ao mesmo tempo.» E essa terceira pessoa, na realidade, vê o mundo simultaneamente a partir de dentro e a partir de fora. O olho interior vê ambos os lados ao mesmo tempo; é a intuição, que devemos desenvolver para saber olhar ao mesmo tempo do interior e do exterior.

O lado exterior é o domínio do intelecto; o lado interior é o domínio do coração, do sentimento. Quando uma pessoa observa as coisas do ponto de vista intelectual, classifica-as, analisa-as, mas não as sente. Se as observar do ponto de vista do sentimento, ficará tocada, comovida, mas não conhecerá a sua manifestação exterior. Nem a subconsciência nem a consciência de si podem revelar-nos toda a verdade; só a supraconsciência, ou consciência cósmica, é capaz disso. Com efeito, a subconsciência vai beber as suas forças e os seus conhecimentos às profundezas do coração, onde se encontram as raízes, os instintos do ser humano, e a consciência de si capta as suas nos contornos, na aparência das coisas. Só um terceiro ponto de vista, que reúne os dois primeiros, dá o conhecimento total da realidade. É preciso que os homens aprendam a olhar segundo este terceiro ponto de vista. Todos são mais ou menos apegados às suas opiniões, e não é de admirar que, assim, cometam tantos erros. Conforme os seus gostos e as suas tendências, cada um vê apenas um aspeto da realidade; por isso é tão difícil as pessoas compreenderem-se e viverem em harmonia.

Eu falo de supraconsciência, mas talvez esta noção não seja bem clara para vós. Para poder explicá-la, vou dar-vos um exemplo muito simples. Vós levais uma pancada na cabeça e perdeis os sentidos. Nessa altura, ficais mergulhados na inconsciência. Graças aos cuidados dos vossos amigos, começais a reanimar, moveis-vos, lentamente, sem abrir os olhos, sem recuperar ainda a consciência: estais no estado de subconsciência. Este é exatamente o estado de um ser que está a dormir e que se agita durante o sono. Alguns instantes depois, abris os olhos e percebeis que estais estendidos no chão, rodeado de amigos, mas ainda sem vos aperceberdes daquilo que vos aconteceu: é o estado de consciência. Em seguida, recuperais totalmente os sentidos e lembrais-vos de tudo o que se passou: é o estado de consciência de si. Finalmente, levantais-vos, sentis que estais restabelecidos, que os vossos amigos estão junto de vós, que tendes ainda um longo futuro à vossa frente, ficais cheios de alegria e de esperança, e agradeceis ao Senhor: é o estado de supraconsciência.

A inconsciência corresponde ao reino mineral, a subconsciência ao reino vegetal, a consciência ao reino animal, a consciência de si ao reino humano e a supraconsciência ao reino angélico, que é também o dos Mestres, dos Iniciados, dos super-homens. O estado de supraconsciência é um estado em que podemos captar as correntes que o Céu e os Iniciados nos enviam. Existem na Terra centros místicos onde Iniciados oram sem parar para que os homens recebam a luz e sejam felizes. Infelizmente, só um número muito reduzido de seres humanos recebe essas ondas, porque os outros não trabalham sobre a sua aura, que é o melhor dos condutores, a antena que recebe essas ondas. A aura é o cone, esse invólucro de sete cores através das quais podemos subir até ao vértice. O cone é, pois, um símbolo da elevação, da subida até ao mundo divino; mas o cone invertido é o símbolo do Inferno, tal como Dante o descreveu. Quanto mais atos condenáveis o homem comete, mais se aproxima do fundo do cone, quer dizer, mais limitado fica e mais sofre. O fundo do cone é a limitação total. Mas eu não gosto de falar do cone invertido, porque, ao pensarmos nisso, somos levados a viver os estados que ele representa.

Vou dizer-vos agora algumas palavras sobre a aura, sobre a maneira de a desenvolver e de a intensificar. O Eu superior é, em nós, o ponto que representa o centro do círculo, o centro do nosso ser.[5] É o ponto mais harmonioso, onde se encontra a paz. Em torno desse ponto, tudo é movimento. No entanto, este ponto não está imóvel; parece imóvel, porque as suas vibrações são tão rápidas que nós não conseguimos aperceber-nos do seu movimento. A paz é, na realidade, a atividade mais intensa que existe. Na maior parte das situações, a palavra "paz" evoca a imagem de um homem a beber e a comer à sombra de uma bela árvore... Não, a paz não é isso; a paz é o mais intenso trabalho que se pode realizar no mundo; esse trabalho não é uma agitação inútil, mas um movimento intensificado. Se todos os dias ligarmos a nossa consciência ao ponto que existe em nós, na cabeça ou no plexo solar... sentiremos a paz, e nem as tristezas, nem as inquietações, nem as angústias, virão afetar-nos, mesmo ao de leve.[6] Mas, se a nossa consciência estiver fora desse ponto, ficamos mergulhados nos tormentos e ninguém pode ajudar-nos com meios exteriores: medicamentos, drogas, etc.

Eu dou-vos estas explicações para que compreendais bem que, com o símbolo do olho, é o símbolo do círculo mágico que nós estudamos. Vós sabeis que o Iniciado que deseja realizar um trabalho mágico traça um ou vários círculos no chão e coloca-se no seu interior, onde fica protegido. Se ele sai de lá prematuramente, expõe-se a grandes perigos. Ora, é em nós mesmos que devemos procurar esse círculo mágico, e não no exterior, porque tudo deve ser compreendido interiormente, e não apenas exteriormente. A nossa melhor proteção é o círculo da aura que nos rodeia. A aura é idêntica à atmosfera que envolve a Terra; se a Terra fosse subitamente privada da sua atmosfera, isso provocaria cataclismos terríveis. Tal como o nosso planeta, nós temos uma atmosfera que nos preserva dos perigos do mundo exterior.

Vou dar-vos um exemplo. Suponde que dais uma pancada num sítio qualquer: ficais com uma nódoa negra e, se alguém vos toca, gritais. Se a vossa pele estiver sã, nada vos dói. Pois bem, com a aura passa-se exatamente o mesmo; a aura representa a nossa pele espiritual… Estais surpreendidos, porque, à primeira vista, não notais qualquer ligação entre a aura e a pele… Mas vejamos, rapidamente, quais são as principais funções da pele. Ela protege-nos das impurezas e dos choques, permite as trocas entre o corpo e o mundo exterior e, finalmente, é um aparelho de sensibilidade que nos revela o frio, o calor, etc., e todas as mudanças na atmosfera. A aura tem as mesmas funções que a pele, mas a um outro nível. Se ela é poderosa, límpida, nós estamos protegidos contra os acidentes no mundo espiritual, mas se ela for frágil, doentia, os menores pensamentos ou sentimentos de um adversário podem fazer-nos mal e causar-nos grandes sofrimentos.

Há muitas pessoas que se queixam: «Quando ele olhou para mim, foi como se eu tivesse levado uma facada…» Se essas pessoas tivessem trabalhado sobre a sua aura, isso não lhes teria acontecido. Na vida, é muito importante ter uma aura em bom estado, para se ficar protegido. Eu conheci pessoas que estavam doentes, mas as suas doenças não tinham qualquer causa física, era a aura delas que não estava em bom estado.

A segunda função da aura é assegurar as trocas entre os astros exteriores e os astros que existem em nós. Se a nossa aura é impura, escura, não pode captar as boas correntes, só consegue captar as más. Diz-se que existem planetas benéficos e planetas maléficos… Mas, então, porque é que um planeta age beneficamente sobre uns e nefastamente sobre outros? Ora, o que se passa, muito simplesmente, é que aquele que só sente os maus efeitos não está preparado para captar as boas correntes. Na realidade, todos os planetas são benéficos, mas a sua ação sobre o homem depende da sua aura. Se nela existirem cores e camadas que impeçam a entrada de todas as virtudes de um planeta, as correntes que esse planeta envia para a Terra transformam-se, quebram-se e produzem maus resultados nele. Mas se a aura for pura, límpida e poderosa, todas as influências, mesmo as más, se transformarão num bem para ele.

A terceira função da aura é a perceção de tudo o que se passa na alma dos outros: graças a ela, nós podemos sentir uma pessoa como uma corrente fria que nos contrai ou, pelo contrário, como uma corrente de luz e de calor que nos dilata e nos alegra, e ter ainda muitas outras impressões.

O bom estado da aura é o melhor meio de preservação que existe. Nenhuma das perturbações que ocorrem na Terra poderá atingir-nos, se tivermos uma aura pura, luminosa e poderosa, pois essa aura é como uma barreira impenetrável que resiste a todos os abalos, a todas as perturbações da atmosfera, aos ódios e às desordens de toda a espécie. Envolvido por uma tal aura, o homem está como que numa fortaleza, e quando à sua volta os humanos estão agitados, perturbados, desmagnetizados, ele continua cheio de amor e de coragem, e sente-se habitado por uma luz interior. Esta aura poderosa, podemos criá-la à nossa volta através da oração, da meditação, da prática de uma vida pura e sã, e sobretudo pelo exercício das cinco virtudes de que vos falei há pouco: a bondade, a justiça, o amor, a sabedoria e a verdade. Cada virtude produz uma cor particular e, todas juntas, dão à nossa aura uma riqueza e um esplendor inexprimíveis.[7]

Do ponto de vista filosófico, o centro representa o coração. É interessante notar que, em algumas línguas, as palavras "coração", "leão" e "amor" têm a mesma raiz. Em hebraico, "coração" diz-se *lèv* e "leão" *lavi*; em búlgaro e em russo, "leão" diz-se *lèv* e "amor" *lubov*, raiz essa que se encontra no inglês *love* e no alemão *liebe*, que também significam "amor". Vós conheceis, evidentemente, a ligação que existe entre o amor e o coração… Quanto ao Leão, é o signo do Zodíaco que tradicionalmente se atribui ao coração. O símbolo do círculo com o seu centro representa o olho, mas também o coração, que envia o sangue para o nosso organismo.

Se sentimos amor por um ser, vemos nele qualidades magníficas. Se perdemos esse amor, já não vemos nenhuma dessas qualidades; no entanto, esse ser continua a ser o mesmo. Por conseguinte, é o coração que nos abre ou nos fecha os olhos. Se quisermos conhecer o próximo, devemos ter amor por ele. Os homens querem conhecer sem amar: isso é impossível. Só podemos conhecer os seres se fizermos com que eles se abram e se expandam, graças ao calor do amor. E o mesmo se passa com tudo na vida. Se não amarmos a Natureza, ela não se abrirá para nós. É este o segredo magnífico: amar. Os livros dão-nos imensos conhecimentos, mas só o amor permite que a Natureza se nos revele. Se quisermos compreender a astrologia, amemos os astros e eles falar-nos-ão; se quisermos saber o que são as pedras preciosas, amemo-las, pois só o nosso amor poderá fazê-las falar. Os conhecimentos não podem trazer-nos a felicidade nem a plenitude que o nosso coração e a nossa alma procuram eternamente. Só o amor nos preenche e nos dá a felicidade. Salomão conhecia todas as ciências; na Bíblia até é referido que, nesse domínio, ninguém era comparável a ele. Contudo, Salomão acabou por dizer *«Vaidade das vaidades, tudo é vaidade.»* Ele tinha centenas de mulheres, que estudava muito bem, mas não compreendeu o amor, porque o amor não vem dessa maneira.

Há quatro maneiras de considerar o amor: pode-se comê-lo, bebê-lo, respirá-lo e viver nele. Aquele que "come" o amor vive nas paixões, nos prazeres inferiores, e não fica satisfeito, porque permanece no plano físico. Aquele que "bebe" o amor é um pouco menos grosseiro, mas ainda está mergulhado nos prazeres e nas satisfações astrais. Também se pode "respirar" o amor: certos filósofos, escritores, artistas, respiram-no pelo pensamento, através do plano mental, mas são raros. Quanto àquele que "vive" no amor, no lado subtil e etérico do amor, esse possui-o como luz no espírito, como calor no coração, e pode espalhar essa luz e esse calor por todos os seres que o rodeiam. Aquele que vive nesse amor possui a plenitude.

O amor representa a água que corre das montanhas. Quando o Cristo disse: *«Eu sou o caminho, a verdade e a vida»*, queria dizer: «Eu sou a fonte de onde provém a verdade… Eu sou o leito do rio onde corre a água ... E eu sou a própria água que é a vida, que é o amor...»[8] O caminho por onde corre a vida e que nos permite subir até à nascente é a sabedoria. Portanto, a nascente do rio é a verdade; o caminho, o leito onde corre esse rio, é a sabedoria; e a vida, quer dizer, a água que rega as pedras e as plantas, e que sacia a sede aos animais e aos homens, é o amor. Nós devemos amar porque, amando, deixamos que esse rio, essa água da verdadeira vida, nos atravesse. Quando essa água nos atravessa, as bênçãos descem sobre nós.

O reino dos minerais está representado em nós pelo sistema ósseo e, quando amamos as pedras, melhoramos a nossa estrutura óssea; amando as plantas, melhoramos o nosso sistema muscular; amando os animais, melhoramos o nosso sistema circulatório; amando os homens, melhoramos o nosso sistema nervoso; e amando os anjos, os seres superiores do mundo divino, melhoramos a nossa aura, os nossos órgãos espirituais.

A polarização manifesta-se em toda a Natureza. Cada coisa possui um polo positivo e um polo negativo, e em nós tudo está preparado para que as células se posicionem harmoniosamente: o polo positivo face ao polo negativo da célula vizinha e vice-versa. Nesse estado, sentimo-nos perfeitamente bem (fig.1), mas uma perturbação na polarização normal das células produz mal-estares, indisposições (fig.2).

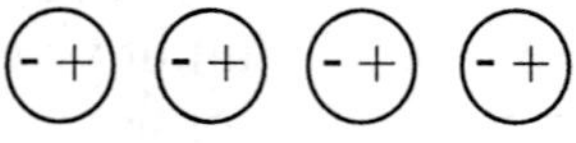

Fig. 1

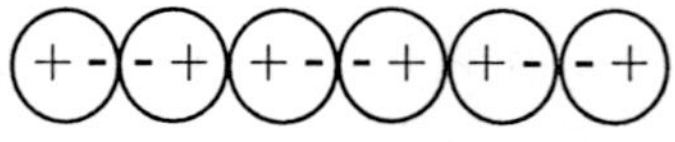

Fig. 2

É assim que alguns sentimentos, como o medo, a cólera, o ódio, perturbam bruscamente a organização das partículas do nosso corpo.

A corrente que nos atravessa deve magnetizar as células, de modo a polarizá-las convenientemente. É por isso que se utiliza o magnetismo para curar certas doenças. Mas, se um magnetizador opera sem saber bem o que está a fazer, deixa o doente com a sensação de que está mais fatigado do que antes. Por vezes, estais a trabalhar tranquilamente e, de súbito, sem qualquer causa aparente, sentis-vos fracos. É porque passou uma corrente que perturbou o vosso magnetismo, ou então porque pensastes, inconscientemente, em qualquer coisa que cortou as ligações.

Nós podemos magnetizar-nos todos os dias, fazendo os exercícios de ginástica que eu já vos mostrei. Talvez alguns de vós sintam um certo receio e digam: «Esse método é bom para os Orientais, mas não para os Ocidentais.» Responder-vos-ei que estes métodos foram testados e experimentados. Certas práticas orientais podem ser funestas para os Ocidentais, mas os exercícios que vos mostrei são simples e assimiláveis por todos sem perigo, tal como o pão, a água, o ar…[9]

As paixões destroem sempre aquilo que é harmonioso em nós. Já vos falei dessa fronteira que há nos nossos corpos, o diafragma, que faz a separação entre os órgãos da digestão, por um lado, e os pulmões e o coração, por outro. Num plano mais subtil, o plexo solar representa também uma fronteira idêntica. Devemos preparar o plexo solar para desempenhar esse papel, senão todos os elementos nocivos nascidos das nossas paixões invadirão o nosso cérebro. Quando o plexo solar é poderoso, pode proteger o homem de toda a espécie de inconvenientes, em ligação com o sangue, que transporta os elementos capazes de regenerar o organismo. Nós ainda não conhecemos todas as possibilidades do plexo solar, porque os nossos pensamentos e os nossos atos, ao perturbarem a polarização das nossas células, estão sempre a limitar a sua ação. Por conseguinte, para termos um plexo solar ativo e poderoso, não devemos despertar em nós os elementos inferiores, porque eles tirar-lhe-ão o seu poder de proteção.[10]

O nosso coração deve estar cheio de amor pelos humanos, que são todos nossos irmãos; devemos pensar neles e ajudá-los sem esperar a mínima recompensa. Porquê? Porque já temos a recompensa: é essa dilatação interior, esse calor, essa inspiração, que nos preenchem quando amamos. Essa é uma grande recompensa; não há nenhuma maior na vida. Os nossos pensamentos são, pois, como um rio, uma nascente de água viva. Os homens procuram sempre recompensas, mas aquele que compreende perfeitamente o segredo do amor não procura qualquer recompensa; ele dá gratuitamente, porque vive continuamente numa felicidade que ultrapassa toda a imaginação. Ele nada em alegria, irradia e, assim, ganha a confiança de uma quantidade de amigos. Onde encontrareis maior recompensa do que essa? Pelo contrário, aqueles que se envolvem em querelas e discussões intermináveis por coisinhas de nada não podem calcular as perdas e os prejuízos que daí resultam: perdem a paz, a alegria, os amigos, a saúde.

Eu sei que só muito poucos me compreenderão, porque para me compreender é preciso já ser evoluído e estar preparado. Toda a gente vive no meio de combinações e de cálculos e ninguém faz nada gratuitamente, pensando que isso é uma perda de tempo, de forças e de energias. Mas os filhos de Deus sabem onde está a verdade; aceitam que os ridicularizem, que os critiquem por os considerarem ingénuos ou até por fazerem asneiras, mas preferem viver essa vida real de alegria e de felicidade a ter todas as riquezas da Terra, que não trazem qualquer satisfação interior profunda nem qualquer deslumbramento. Ao fazerem esta escolha, ao preferirem o amor que traz a plenitude da vida, eles não estão enganados, ao passo que todas as outras pessoas se enganam. Podeis acreditar em mim, estas coisas foram verificadas milhares de vezes pelos Iniciados. É por isso que nós, os discípulos de um grande Mestre, devemos trabalhar com amor. Nós recebemos gratuitamente e devemos dar gratuitamente. A nossa recompensa é a alegria e a felicidade de ver à nossa volta rostos e olhos sorridentes e brilhantes, corações dilatados, vontades prontas a realizar ações esplêndidas, inteligências abertas para compreender e estudar. Dizei-me: onde pode haver maior recompensa?

O símbolo ⊙ diz-nos que nós devemos subir todos os dias aos cumes das montanhas espirituais. Quando estamos muito alto, a pressão exterior (ou seja, as condições materiais) diminui, mas a do espírito aumenta. O espírito e a matéria têm ambos uma existência real, mas não é porque a matéria existe que devemos deixar-nos esmagar por ela. O espírito também existe, mas, para que ele exista verdadeiramente, temos de ligar-nos a ele. A atmosfera é composta por camadas de naturezas diferentes; nas camadas mais baixas, encontram-se as poeiras, os micróbios, as putrefações, mas, quanto mais nos elevamos, mais penetramos nas regiões onde o ar é puro. As pessoas que subiram ao cume de uma montanha relatam que, lá em cima, começaram a pensar de maneira totalmente diferente, sentiram-se menos interesseiras, mais generosas. Algumas até esquecem a sua nacionalidade, a sua raça; sentem-se acima de todas as mesquinhices que dividem os homens. Um dia virá em que as pessoas se elevarão no ar, conscientemente, com o intuito de desenvolverem qualidades de pureza, de abnegação, de grandeza de alma.

Deveis ficar a saber que também nós, tal como a atmosfera, somos feitos de várias camadas, e que em cada camada vivem seres diferentes. Nós cremos que somos sempre os mesmos... Que grande erro! Ora é um ser que se manifesta através de nós, ora é outro... E eles são em grande número! Alguns não podem seguir-nos quando subimos e ultrapassamos certos limites, porque não conseguem respirar e viver acima de certos níveis, tal como os micróbios não podem sobreviver acima de certas temperaturas. Quanto mais subimos, mais libertos ficamos, porque a cada passo rumo às alturas há seres inferiores que têm de abandonar-nos e voltar ao seu nível habitual. Mas há certas entidades que ficam agarradas a nós até ao cume: são as entidades do orgulho. Todos os Iniciados sabem isso: o orgulho é semelhante ao líquen, que pode subsistir até nas rochas dos mais altos cumes.

Nós devemos subir pelo pensamento. Quando oramos e meditamos, nós elevamo-nos. Também podemos subir graças aos esforços que fazemos para nos aperfeiçoarmos. Agora, eu estou a dizer-vos: «Subi!», enquanto há pouco dizia para vos aproximardes do centro do círculo. Na realidade, as imagens do cume e do centro têm exatamente o mesmo significado. Na Natureza, não há alto, nem baixo, nem direita, nem esquerda. Estas expressões significam simplesmente vibrações rápidas e vibrações lentas, vibrações intensas e vibrações fracas. O alto e o dentro correspondem às vibrações rápidas; o baixo e o fora correspondem às vibrações lentas. Os pensamentos, os sentimentos e os atos também podem ser situados nesta escala das vibrações. As paixões, a avareza, o ciúme, a cobiça, a cólera, o medo, a inveja, têm vibrações lentas, fracas... Vós direis que o medo não é lento, é rápido. Exteriormente, sim, mas, interiormente, o medo paralisa o pensamento e torna os seres inaptos para a ação. Muitas vezes, durante um incêndio, as pessoas precipitam-se para o fogo em vez de fugirem! O seu cérebro deixa de funcionar.

Pelo contrário, os pensamentos e os sentimentos harmoniosos tornam a ação fácil, rápida, eficaz.

O Mestre Peter Deunov escreveu um livro sobre as cores. Ele explica que são os Anjos que se ocupam das cores e que tudo o que se passa na Natureza se realiza com a ajuda das cores, que agem sobre as plantas, os animais e os homens. Eu li muitas coisas nesse livro, onde ele também diz que alguns versículos da Bíblia, quando são pronunciados, criam certas cores à nossa volta, e que, graças a essas cores, podemos curar doentes lendo esses versículos junto deles. Os "hodjas" turcos também curam os doentes lendo-lhes versículos do Corão.

O Mestre dizia: «Vós quereis arrancar todos os segredos à Natureza, mas ela é viva, sabe quantas vezes fostes ingratos, e esconde-se de vós. A Natureza diverte os homens vulgares, instrui os discípulos, mas é só aos sábios que ela revela os seus segredos. Cada coisa na Natureza tem uma forma, um conteúdo e um sentido. A forma é para os homens vulgares, o conteúdo é para os discípulos e o sentido profundo é para os Mestres.» Todos querem penetrar nos grandes mistérios na Natureza, mas isso não é assim tão fácil. É necessária toda uma preparação para os compreender, e essa preparação só se pode fazer pelo exercício das cinco virtudes de que falávamos há pouco. A bondade permite-nos deslocarmo-nos e, caminhando na via da Iniciação, observar e encontrar todas as coisas belas que Deus criou. A justiça dá-nos a possibilidade de agir e de criar obras esplêndidas com as nossas mãos. O amor inspira-nos palavras que ressuscitam, dá-nos a alegria de apreciar o que há de mais saboroso na Natureza e, assim, sentimo-nos sempre alimentados e saciados com água viva. A sabedoria abre os nossos ouvidos espirituais, graças aos quais poderemos, um dia, ouvir a harmonia das esferas e compreender a palavra divina. A verdade dá-nos todas as possibilidades de nos dirigirmos, de nos orientarmos, de encontrarmos aquilo que procuramos, de contemplarmos a beleza da Natureza e o rosto do Ancião dos Anciãos, o Misterioso dos Misteriosos: *Aïn Soph,* como é designado pela Cabala.

É espantoso como a maioria dos homens pretende penetrar nos mistérios da mais alta Iniciação sem nada pôr em prática, sem fazer qualquer sacrifício, sem fazer qualquer esforço para se dominar, e dando plena satisfação às suas fraquezas. Por isso, os segredos da Natureza estão-lhes vedados, fechados a sete chaves. Lembrai-vos das palavras do Mestre: «A Natureza diverte os homens vulgares, ensina os discípulos, mas é só aos sábios que ela revela os seus segredos.»

Eu também tinha a intenção de vos dar hoje algumas explicações do ponto de vista frenológico, mas agora já me resta pouco tempo para o fazer. Reparai neste esquema da cabeça:

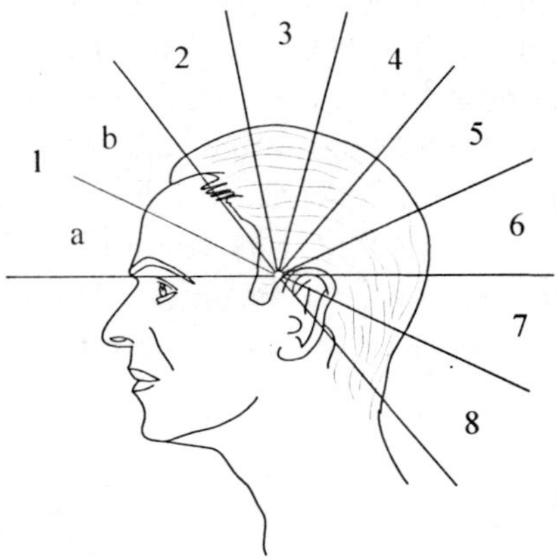

O perfil 1 está dividido em 2 partes: a primeira corresponde ao amor pelas coisas concretas, pela ciência, e a segunda, o alto da testa, corresponde ao amor pelas coisas abstratas, pela filosofia. O perfil 2 corresponde ao amor pelos outros, à benevolência, ao altruísmo, às tendências humanitárias. O perfil 3 corresponde ao amor a Deus, à devoção, à veneração pelos seres superiores. O perfil 4 indica o apego às convicções pessoais, que impele os seres a manterem as suas opiniões até à obstinação. Se essa parte da cabeça está demasiado desenvolvida em relação às outras, isso indica que a pessoa preferirá deixar-se queimar a renunciar às suas ideias. O perfil 5 corresponde ao amor-próprio, à estima pela sua própria pessoa. O perfil 6 corresponde ao amor pela casa, pela pátria. O perfil 7 corresponde ao amor pelas crianças, pela família. O perfil 8 corresponde aos instintos.

Está escrito que o Paraíso era um Jardim cheio de árvores e povoado com animais de toda a espécie. Nesse jardim, Eva foi aprimeira botânica da humanidade, pois era ela que se ocupava das plantas, das flores, e Adão o primeiro zoólogo, pois foi ele quem deu o nome aos animais.

Do ponto de vista esotérico, o Sol representa o primeiro homem: Adão. A Bíblia diz-nos que Eva foi tirada de uma costela de Adão.[11] É verdade, porque uma parte do círculo do Sol dá a Lua (fig. 3). O Sol é o princípio masculino e a Lua é o princípio feminino. A união destes dois princípios deu Mercúrio (fig. 4), filho do Sol e da Lua. Mas não foi o primeiro filho de Adão e Eva; antes de Mercúrio, eles tiveram Caim (Marte) e Abel (Vénus). O Sol e a Lua são os dois princípios – masculino e feminino –, que se unem para dar origem aos quatro elementos. Para os alquimistas, a união do Sol com a Lua é simbolizada pelo símbolo de Mercúrio. Este símbolo ☿ contém e representa os quatro elementos: dois elementos masculinos e dois elementos femininos. A Lua ☽ representa a água; o Sol ☉, o fogo; + é o sinal da união, a terra, e o próprio Mercúrio ☿ representa o ar.

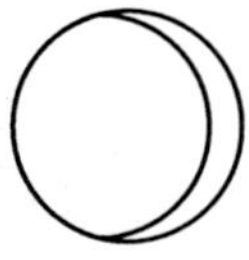

Fig. 3

Fig. 4

Podemos ainda interpretar o símbolo do Sol. Imaginai uma laranja: a casca da laranja é a sabedoria, a parte que comemos é o amor, e os caroços que depois plantamos são a verdade.[12]

Devemos viver no amor, porque só ele nos permite elevarmo-nos. Conforme for o vosso amor, assim eu lerei o vosso destino, porque, mais cedo ou mais tarde, atraireis tudo aquilo que amais. Vós dizeis que já amastes, já gostastes de muitas coisas, e que elas não vieram até vós… Mas virão! Aquilo que possuímos atualmente é aquilo que amámos outrora, nas nossas incarnações anteriores. Se o nosso amor é dirigido para o mundo espiritual, tanto melhor, pois atraí-lo-emos. Onde estiver o nosso amor, estaremos nós um dia. Se o nosso amor for inferior, conduzir-nos-á ao Inferno; o nosso destino depende do nosso amor.

A terminar esta conversa amigável que estou a ter convosco, desejo, do fundo do coração, que aprofundeis estas verdades que vos expus com a maior simplicidade. Fi-lo desta forma porque espero que não sejais enganados pelas aparências e saibais encontrar debaixo da roupagem simples das palavras a solução para os problemas essenciais da vossa existência, ao invés de vos dispersardes com os detalhes da vida. Desejo que subais mais vezes, o mais frequentemente possível, a essa alta montanha sagrada, a montanha solar, de onde tereis a possibilidade de abarcar um vastíssimo horizonte. Unidos pelos laços do amor espiritual, faremos, todos juntos, uma experiência, e vereis como a vossa vida mudará de dia para dia.

Que o rio da água viva regue as árvores e as flores do vosso jardim interior!

Paris, 12 de fevereiro de 1938

Notas

1. Cf. *A linguagem das figuras geométricas*, Col. Izvor n.° 218, cap. IV: «O pentagrama».
2. Op. cit., chap. II: «O círculo».
3. Cf. *La pierre philosophale – des Évangiles aux traités alchimiques*, Col. Izvor n.° 241, cap. X: «La pierre philosophale, fruit d'une union mystique» e cap. XIV: «L'or du savoir véritable: l'alchimiste et le chercheur d'or».
4. Cf. *Os mistérios de Iésod – os fundamentos da vida espiritual*, Obras completas, t. 7, Parte II, cap. 10: «Bem-aventurados os corações puros...» e *Olhares sobre o invisível*, Col. Izvor n.° 228, cap. X: «O olho espiritual».
5. Cf. *A vida psíquica: elementos e estruturas*, Col. Izvor n.° 222, cap. XIII: «O Eu superior».
6. Cf. *Les lois de la morale cosmique*, Œuvres complètes, t. 12, cap. V: «La loi d'affinité: la paix».
7. Cf. *Notre peau spirituelle, l'aura*, Brochure n.° 309.
8. Cf. *A verdade, fruto da sabedoria e do amor*, Col. Izvor n.° 234, cap. VI: «Eu sou o caminho, a verdade e a vida».

9. Cf. *A nova terra – Métodos, exercícios, fórmulas, orações*, Obras completas, t. 13, Apêndice: os exercícios de ginástica.
10 .Cf. *Centros e corpos subtis – aura, plexo solar, centro Hara, chacras...*, Col. Izvor n.° 219, cap III: «O plexo solar».
11. Cf. *La Balance cosmique – le nombre 2*, Col. Izvor n.° 237, cap. IV: «La place respective du masculin et du féminin: 1. Adam et Ève: l'esprit et la matière».
12. Cf. *A verdade, fruto da sabedoria e do amor*, Col. Izvor n.° 234, cap. V: «O núcleo de verdade».

IV

A sabedoria oculta nos ouvidos

«Em verdade, em verdade vos digo: aquele que ouve a minha palavra e crê n'Aquele que me enviou tem a vida eterna e não incorre em juízo, pois passou da morte para a vida. Em verdade, em verdade vos digo: está a chegar a hora – e já chegou – em que os mortos ouvirão a voz do filho de Deus, e os que a ouvirem viverão.»

São João, 5: 24-25

Como já vos tenho dito, o homem, tal como toda a Natureza, é um Evangelho vivo. O nosso corpo físico, com todos os seus órgãos, representa uma ciência tão profunda!... Quantas riquezas encontraremos nele, se o compreendermos!

Na conferência anterior, falei-vos dos olhos e da figura geométrica ⊙ que é o símbolo do olho. Esta tarde vou falar-vos dos ouvidos.

Diz o Cristo: *«Em verdade vos digo: vem a hora – e ela já chegou – em que os mortos ouvirão a voz do filho de Deus; e aqueles que a tiverem ouvido viverão.»* Todos nós temos ouvidos, mas muito raramente pensamos naquilo que eles representam. Os anatomistas conhecem muito bem a estrutura do ouvido, a maneira como ele funciona e como nos permite ouvir os sons, mas ficam-se por aí. Contudo, se estudarmos as leis que estão por detrás do funcionamento dos ouvidos, compreenderemos a profunda sabedoria com que o Criador construiu o aparelho auditivo.

Nós temos cinco sentidos que nos permitem apercebermo-nos, cada um deles, de um aspeto particular da matéria. O tato apenas diz respeito aos corpos sólidos e o paladar aos líquidos... Vós direis que também saboreamos o açúcar e que este é sólido. Sim, mas, de facto, não podemos saboreá-lo se ele não se tiver tornado líquido. Primeiro, ele funde-se sob a ação da saliva, e só depois é que o sentimos, com o paladar. Tudo aquilo que sentimos por intermédio do paladar deve estar no estado líquido. O olfato apenas se apercebe das emanações gasosas e, por conseguinte, ainda tem alguma relação com a matéria. Com a audição, saímos do mundo material para entrar no das ondas, das vibrações; e com a visão entramos, finalmente, num mundo ainda mais subtil, quase etérico. Portanto, os cinco sentidos, do tato à visão, estão hierarquizados e preparados para perceções progressivamente mais subtis.

Os cinco sentidos são filhos da pele.[1] Os animais primitivos, que não tinham ouvidos nem olhos, percebiam o mundo exterior e orientavam-se apenas com a ajuda da pele. Mais tarde, as funções da pele particularizaram-se e apareceram o ouvido, o olfato e a visão. A pele possui possibilidades ainda ocultas, que se manifestarão mais tarde.

Os cinco sentidos estão construídos de modo a que entremos em comunicação com os elementos sólidos, líquidos, gasosos, aéreos e etéricos. Assim, o tato está em relação com o corpo físico, o paladar com o corpo astral e o nariz com o corpo mental inferior, o intelecto. Os fisionomistas podem conhecer as tendências intelectuais de um ser pelo seu nariz e as suas tendências sentimentais pela sua boca. Os ouvidos representam o corpo mental superior, o corpo causal; finalmente, os olhos representam o corpo divino.

Na Bíblia, os ouvidos são frequentemente mencionados. Por exemplo: *«Têm ouvidos, mas não ouvem...»* ou então: *«Quem tiver ouvidos para ouvir, que oiça!»* Os ouvidos representam a sabedoria.

Como sabeis, o ouvido é composto por três partes: ouvido externo ou orelha, ouvido médio e ouvido interno. Esta divisão corresponde aos três mundos: físico, astral (que permite a transmissão) e mental ou espiritual. No que respeita ao ouvido externo, limitar-me-ei a dizer que ele revela o caráter do homem. Ele próprio está dividido em três: o hélix, que representa o intelecto; o anti-hélix, que representa o coração; e o lóbulo, que representa os instintos, os gostos materiais, os apetites físicos (gula, sensualidade).

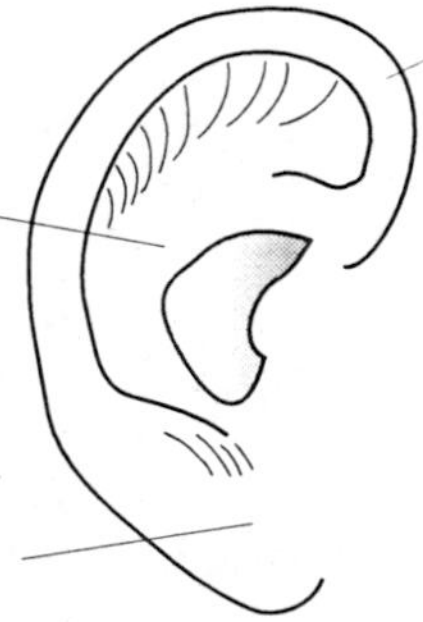

Ouvido externo

Todos os defeitos e qualidades estão aqui inscritos; cada linha, cada dobra, é um detalhe extraordinariamente significativo. Também se pode conhecer a longevidade do homem a partir das suas orelhas. Se Lombroso aqui estivesse, ao ver as nossas orelhas, talvez dissesse que somos todos criminosos… Na realidade, por vezes, acontece seres muito elevados possuírem orelhas degeneradas. As orelhas representam um banco, exatamente como os olhos, a testa, o nariz, a boca, o queixo.[2] Isto significa que uma pessoa pode ter imenso dinheiro num dos bancos e não ter noutro e, se as orelhas não são bem feitas, não devemos daí concluir que o ser a quem pertencem é mau ou estúpido, mas que, no passado, descurou o trabalho sobre certas qualidades e virtudes. Devemos ser prudentes, quando tiramos conclusões.

Ocupemo-nos agora da estrutura do ouvido. *(ver página seguinte)*.

O ouvido externo ou orelha prolonga-se pelo canal auditivo (em cerca de 24 mm), cujo fundo é constituído pelo tímpano. Ao tímpano segue-se a cadeia de pequenos ossos do ouvido (o martelo, a bigorna e o estribo), que se articulam uns nos outros. Mas o que nos interessa aqui, sobretudo, é o ouvido interno, com:

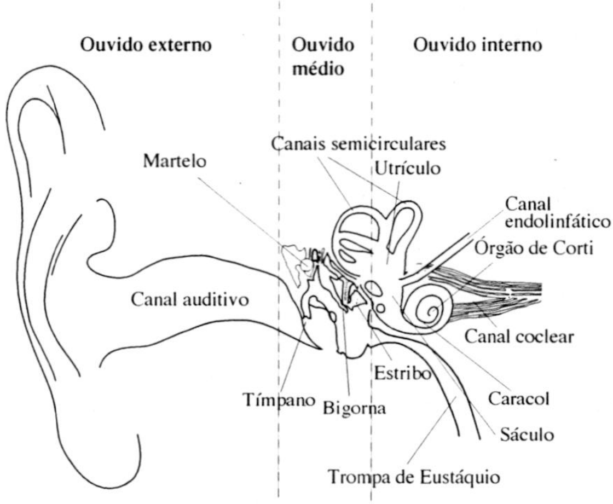

1. O labirinto ósseo, que contém os canais semicirculares, dispostos segundo os três planos do espaço e cujo papel é assegurar o equilíbrio, e o caracol, que descreve três voltas em espiral.

2. O labirinto membranoso, com o utrículo e o sáculo, que contêm (tal como os canais semicirculares, o canal endolinfático e o canal coclear) um líquido incolor chamado endolinfa, onde estão banhados pequenos grãos de substância calcária, cuja função também é assegurar o equilíbrio.

O caracol membranoso termina com o órgão de Corti, que é o aparelho de audição propriamente dito. Podemos compará-lo a uma harpa. É formado por uma grande quantidade de fibras elásticas (24000), que são outras tantas cordas vibratórias.

Segundo a astrologia, os ouvidos estão sob a influência de Saturno. Ao ouvir pronunciar o nome de Saturno, talvez algumas pessoas não se sintam lá muito seguras, pois, quando acontecem grandes perturbações – epidemias, inundações, tremores de terra –, os astrólogos dizem que elas são causadas por Saturno. Isso é verdade. No entanto, Saturno é um planeta magnífico e, se a sua influência sobre nós se torna maligna, é porque existem na nossa aura elementos que transformam as correntes que ele nos envia e as tornam nocivas. Na realidade, Saturno proporciona qualidades magníficas: os sábios, os Iniciados, os ascetas, os eremitas, os filósofos, todos têm as boas qualidades de Saturno. Sem Saturno, não se pode obter a força, nem a tenacidade, nem a paciência, nem a resistência, nem a estabilidade.

Todos os símbolos que os astrólogos utilizam são formados a partir dos símbolos do Sol ☉, da Lua ☽ e da Terra ♁, por vezes com algumas modificações no modo de os desenhar. Os símbolos dos diferentes planetas – Mercúrio, Marte, Vénus, Júpiter, Saturno, Urano e Neptuno – são todos combinações destes três princípios: Sol, Lua e Terra. O Sol representa o mundo divino, a Lua o mundo astral, psíquico, e a Terra o mundo físico, material. Assim, o símbolo de Mercúrio ☿ tem o Sol ao centro, a Lua em cima e a Terra em baixo. O símbolo de Vénus ♀ tem o Sol em cima e a Terra em baixo. O símbolo de Marte ♂ é o contrário do precedente. No símbolo de Júpiter ♃, é a Lua que está em cima e a Terra em baixo. O símbolo de Saturno ♄ é o contrário do de Júpiter. O símbolo de Urano ♅ é formado pelos símbolos do Sol, da Terra e de duas Luas. O símbolo de Neptuno ♆ é idêntico ao de Urano, mas com uma pequena modificação na Lua e na Terra. Não me alongarei sobre o significado esotérico destes símbolos, mas dir-vos-ei algumas palavras acerca de Saturno.

A mitologia grega conta que Saturno nasceu de Urano (*Uranos*, em grego), o Céu, e de Gaia, a Terra. Ora, nós sabemos que, em astrologia, Saturno domina os dois signos Capricórnio e Aquário. O Capricórnio é um signo de terra e o Aquário é um signo de ar. Nos signos de Caranguejo e de Leão, que são opostos, respetivamente, ao Capricórnio e ao Aquário, Saturno está em exílio; ora, Caranguejo é o domicílio da Lua e Leão é o domicílio do Sol, e é esse o motivo por que as qualidades de Saturno são completamente opostas às do Sol e da Lua.

Como vimos, o símbolo de Saturno é exatamente o inverso do de Júpiter . Segundo a lenda, inicialmente Saturno era o Senhor do Universo; depois, tornou-se orgulhoso, injusto, cruel, chegando ao ponto de comer os próprios filhos. Foi graças a uma astúcia que a sua esposa, Rhéa, conseguiu salvar o seu filho Júpiter, que, quando cresceu, destronou o pai e tomou o seu lugar. *(ver página seguinte)*

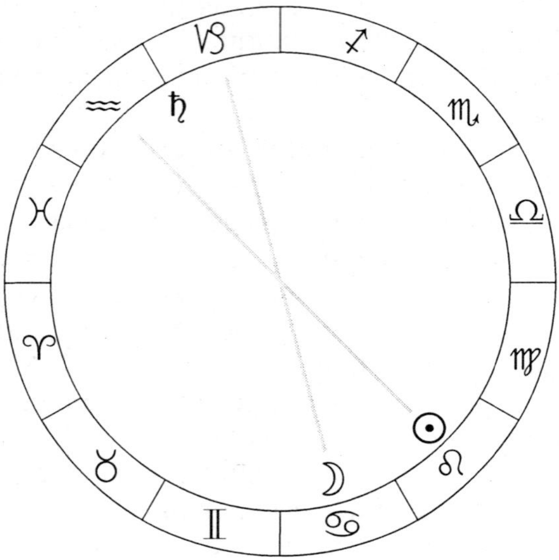

Encontra-se a influência de Saturno em diversos domínios da Natureza, mas estudá-lo-emos em primeiro lugar no homem. Do ponto de vista frenológico, Saturno está ligado aos centros da testa – que correspondem ao desejo de saber, ao raciocínio, à reflexão –, mas também à parte posterior do crânio, ao centro que corresponde à estabilidade, à perseverança e, até, à teimosia. A sabedoria é a melhor qualidade de Saturno, que é o mais velho dos planetas e tem a vantagem da experiência. Saturno está ainda relacionado com o fígado. Os astrólogos dizem que o fígado é regido por Júpiter e os pulmões por Saturno. Com efeito, originalmente Júpiter encontrava-se no fígado e Saturno nos pulmões, mas, quando Júpiter se revoltou contra o pai, apoderou-se do governo dos pulmões e precipitou Saturno para o fígado. Em búlgaro, chamamos ao fígado *tcheren drob*, quer dizer, "pulmão negro", e aos pulmões *bel drob*, quer dizer, "pulmão branco". É isto que as figuras dos planetas nos explicam: uma está direita e a outra está invertida: ♃ e ♄.

A tradição representa Saturno a cavar a terra, a trabalhar nos subterrâneos e nas minas; é representado muitas vezes sob a forma de um velho barbudo, com uma enxada na mão, a remexer a terra.

É precisamente o que ele faz no fígado, onde realiza um trabalho da mesma Natureza. Saturno reina ainda sobre os dentes, o sistema ósseo e o esqueleto. Certos animais influenciados por Saturno vivem debaixo da terra ou em buracos, como a toupeira e o rato; outros, como os morcegos e os mochos, gostam da noite. Também o burro está sob a influência de Saturno e é um símbolo muito importante. Mas não vou alongar-me agora ainda mais, procurando encontrar Saturno nas plantas e nas pedras, pois temos questões mais importantes para estudar.

Saturno representa o velho Adão; o Sol representa o novo Adão, o Cristo. O velho Adão não obedeceu às ordens de Deus, no Paraíso. Deus tinha dito: *«Podes comer de todas as árvores, exceto da Árvore do Conhecimento do Bem e do Mal que está no meio do jardim.»* Saturno (Adão), querendo tornar-se tão poderoso como Deus, desobedeceu, e foi esta desobediência que o inverteu e o lançou para a Terra, a fim de nela trabalhar no meio de dificuldades e de aí ganhar o pão com o suor do seu rosto. Por outras palavras, Saturno caiu no fígado, o que aqui significa o Purgatório, o Inferno. O fígado é a fábrica mais importante do nosso corpo físico e ocupa-se, em particular, da transformação dos venenos do organismo e da produção da bílis.

Observai estes esquemas:

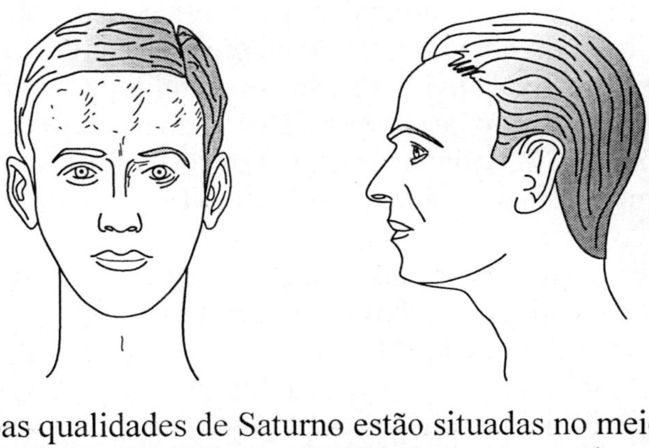

As boas qualidades de Saturno estão situadas no meio da testa, são as faculdades filosóficas, a facilidade em apreender o conteúdo das ideias, em comparar, e, no topo do crânio, um pouco para trás, a perseverança, a estabilidade, a resistência. Acabo de mencionar a faculdade de fazer comparações e gostaria de dizer-vos algumas palavras acerca dela, pois é uma das mais importantes, dado que nos permite compreender as analogias que existem entre os diferentes planos da Natureza.[3] Vós conheceis o que diz a Tábua de Esmeralda: *«Tudo o que está em baixo é como o que está em cima.»* Ora, isto é uma comparação. E quando Jesus dizia: *«Seja feita a tua vontade, assim na terra como no céu»*, também se tratava de uma comparação: a ideia de que a terra deve ser como o Céu. Evidentemente, há imensas coisas a dizer acerca da comparação, mas eu limitar-me-ei a fazer algumas observações a este respeito.

Os saturnianos, pelo menos os que não são muito desenvolvidos, têm o olhar sempre dirigido para a terra, o que não é um hábito muito bom, pois, quando o homem olha para aquilo que é mais baixo do que ele e o compara consigo (por exemplo, quando se compara com os homens mais ignorantes e os menos sábios), pensa obrigatoriamente: «Eu sou mais inteligente, mais sábio, mais erudito do que eles», e menospreza-os. Se nos comparamos às coisas minúsculas, aos micróbios, às formigas, descobrimos, evidentemente, que somos gigantes, e o orgulho que se apodera de nós bloqueia a nossa evolução. Mas, se nos comparamos aos Iniciados, aos seres mais elevados, que nos ultrapassam, verificamos de imediato que não somos bons, nem inteligentes, nem dignos; achamo-nos muito pequenos e isso dá-nos humildade; tornamo-nos mais indulgentes, mais doces, e desenvolvemos em nós o desejo de nos elevarmos. Os saturnianos que não sabem isto tornam-se orgulhosos, devido ao uso que fazem do seu centro de comparação: vivem no meio de intrigas, de desconfianças, de vinganças. Para nos tornarmos luminosos e bons, devemos comparar-nos aos Filhos da luz.

A perseverança, a estabilidade, a capacidade de resistência, são excelentes qualidades de Saturno. Jesus entrou em Jerusalém montado numa burra… Isto é um símbolo. Há imensas pessoas que não têm uma boa opinião acerca do burro; no entanto, ele tem muitas qualidades: é sóbrio, pode viver com muito pouca coisa, pois é um asceta que até come espinhos. A sua paciência é inesgotável e a sua teimosia também. Estais a rir, mas deveis estimar os burros. É injurioso para este animal dizer-se, como acontece na Bulgária, que um bêbedo bebeu que nem um burro. O burro apenas bebe água e só a bebe se ela for pura; ele sabe escolher. Eis uma qualidade verdadeiramente extraordinária. Se quiserdes encontrar água que não esteja suja, deixai o vosso burro conduzir-vos ao local onde ele quer ir beber e encontrá-la-eis, pela certa.

O fígado é uma glândula muito importante, que depende imenso daquilo que comemos, mas também dos nossos pensamentos e dos nossos sentimentos.[4] Se comermos demasiado ou em quantidade insuficiente, ou se absorvermos uma comida que não seja pura, o fígado sofre, já que não consegue fazer o seu trabalho convenientemente e deixa as toxinas invadirem o organismo. O fígado é muito sensível à comida que comemos e não gosta de carne. Vós pensais o contrário, mas é falso. Quando os animais sentem que vão ser degolados, não imaginais o medo, a angústia e a raiva que eles sentem pelos homens! Eles não podem exprimir esses sentimentos, mas vivem-nos. Esses sentimentos transformam as secreções que impregnam todas as células do animal e, quando comemos dessa carne, mesmo que a temperemos de uma forma deliciosa, ela contém um veneno, mas um veneno muito mais psíquico do que físico, porque todas as vibrações do animal em sofrimento foram transmitidas às suas glândulas e produziram aquele veneno. Quando comemos essa carne, os fluidos que a impregnam entram em nós e vão para o fígado, que os absorve. A pessoa que tem um fígado deficiente tem sempre tendência para sentir angústias, inquietações. O descontentamento, o pessimismo, a angústia, são estados ligados a perturbações do fígado. Houve muitos filósofos cujo fígado funcionava mal.

Do ponto de vista astrológico, o nosso país, a Bulgária, representa o fígado da Europa, e a França representa o coração. O fígado e o coração são órgãos essenciais; portanto, se dermos crédito à astrologia, temos de concluir que o destino da Europa depende bastante dos destinos do coração e do fígado: a França e a Bulgária. Neste caso, o que nos interessa é o lado espiritual destes dois países; mais tarde, eles desempenharão um grande papel neste domínio.

Para melhorar o estado do nosso organismo, devemos melhorar o estado do nosso fígado por meio da pureza, não só no que diz respeito aos alimentos, mas também em relação a todos os aspetos da vida. Rireis, talvez, se eu vos disser, por exemplo, que bebendo água quente bem fervida pela manhã, em jejum, purificais o vosso organismo. A água quente é o mais natural, o mais inofensivo e o mais poderoso dos remédios. Encontram-se no organismo depósitos que só é possível eliminar jejuando e bebendo água quente. Há certas pessoas que, quando transpiram, gostam imenso de beber água fria e até gelada: mas, para além de isso ter certos perigos, a água fria contrai os vasos sanguíneos e a circulação torna-se mais lenta; mas, se a água estiver quente, todos os tecidos se dilatam e a circulação melhora. Experimentai e vereis quantos males podem ser evitados graças ao uso regular de água quente; ela pode curar as dores de cabeça, a falta de apetite, a insónia. Tem todas as qualidades convenientes para a purificação do corpo. Na água fria há sempre matérias dissolvidas e a arteriosclerose provém do depósito dessas matérias nas paredes das artérias, o que as endurece. Bebendo água bem quente, provoca-se a dissolução desses calcários e os tecidos tornam-se mais elásticos.

Só os que compreendem as coisas do ponto de vista espiritual aceitarão aquilo que eu vou dizer-vos, para os outros isso não será possível. A água quente pode ser considerada como um professor. Ela diz às células: «Deveis ser calorosas, boas, doces, amáveis, obedientes…» E o amor aumenta nas células, porque o calor provoca a sua dilatação e elas começam a aceitar o ensinamento do amor, que é inseparável do calor. O frio, pelo contrário, diz: «Contraí-vos, sede egoístas, desobedientes…» Ele prega o egocentrismo, a frieza e a dureza, e ensina isso às células. Alguns dirão: «Meu Deus, mas que maneira ridícula de considerar as coisas!» No entanto, são experiências vivas da existência que nos ensinam este ponto de vista.

Isto não quer dizer que não se deve beber bebidas frias ou geladas, sobretudo nos países quentes. Mas, mesmo neste caso, se beberdes bebidas quentes quando faz muito calor, sentireis uma frescura extraordinária. É evidente que, no verão, uma bebida fresca é mais agradável ao paladar e refresca no momento, mas continua-se a sentir o calor exteriormente e fica-se mais mole. Dir-vos-ei também que, se tiverdes febre, podereis fazê-la descer bebendo três ou quatro chávenas de água acabada de ferver. Quando tiverdes uma gripe, um resfriamento, antes de engolir toda a espécie de drogas, tentai primeiro beber várias chávenas de água quente e bem fervida.

Os homens dispõem de conhecimentos que lhes pertencem por direito próprio e outros que, de alguma maneira, são alheios a eles. Aquele cujos conhecimentos são puramente teóricos, quer dizer, nunca postos em prática e verificados, mesmo que seja o maior filósofo da Terra, na próxima incarnação virá na pele de um ignorante e será privado de todos os conhecimentos que anteriormente possuía. Ao passo que o mais minúsculo dos homens, se tiver tentado pôr em prática aquilo que sabe no domínio das virtudes, voltará com possibilidades extraordinárias e será verdadeiramente inteligente e sábio. Vejo muitas pessoas no mundo que eu sei terem sido, no passado, grandes sábios, mas que hoje esqueceram todo esse saber. Tudo o que tiverdes vivido e experimentado ficará como conhecimento vosso e, qualquer que seja o planeta para onde fordes viver, levá-lo-eis convosco. Todos os outros conhecimentos teóricos, livrescos, que, na realidade, não passam de conhecimentos emprestados, serão apagados e ficarão perdidos. Quantas pessoas conhecem estas grandes verdades?

Mas vou dizer-vos ainda mais algumas palavras acerca das experiências que devemos fazer. Há certas pessoas que não temem lançar-se em toda a espécie de ações perigosas, experimentar prazeres impuros e perversos, com o pretexto de que não os conhecer mostra falta de abertura e de curiosidade intelectual. Mas, quando se trata de experiências de Natureza superior, ficam sempre satisfeitas com citações do género: «Buda… Moisés… Platão… Jesus... disseram isto e aquilo.» Aí já não procuraram verificar por si próprias as suas afirmações, tal como o fazem quando se trata de experiências em que correm o risco de se aviltar. Experimentam todos os erros, todas as paixões, todos os prazeres permitidos ou proibidos, todos os vícios, mesmo todos os crimes, com o pretexto de que é preciso conhecer a vida e experimentar tudo. Mas até quando continuarão a fazer as experiências que já fizeram ao longo de tantas incarnações, com o mesmo pretexto? Procedendo assim, as pessoas continuarão a ser incapazes de compreender as experiências superiores nos domínios do amor, da sabedoria e da verdade.

Há que compreender que não basta fazer eternamente as experiências do mundo inferior, mas que existe um outro domínio a explorar, o das experiências magníficas, superiores, luminosas, que arrancam o homem dos erros, das escuridões, dos sofrimentos. Os Iniciados recusam continuar a viver esses erros milenares. Nesse domínio, contentam-se com a experiência adquirida pelos outros homens e limitam-se a fazer citações. Basta-lhes que haja outros que sejam bêbados, depravados ou criminosos, e não têm necessidade de se tornar como eles para compreenderem essas experiências. Mas, quando se trata de experiências divinas, dizem para si: «Temos de tentar isto», e aí não se contentam em saber que Jesus, São Paulo ou São João as viveram, querem verificá-las por eles próprios.

Existem, pois, duas espécies de saturnianos: os que tentam experiências magníficas, superiores, e os que vivem no fígado, que experimentam os venenos. Evidentemente, é preferível experimentar o mundo superior e contentar-se com as citações no que respeita ao mundo inferior.

Mas voltemos aos ouvidos. Já vimos que no ouvido interno se encontra o centro do equilíbrio. Mas o que é o equilíbrio? Existem três espécies de equilíbrio: estável, instável e indiferente. Suponhamos que suspendemos um objeto pela sua parte superior: o ponto de suspensão está acima do centro de gravidade e o equilíbrio é estável; se afastarmos o objeto da sua posição de equilíbrio, ele volta à mesma posição. Façamos agora o contrário e coloquemos o ponto de suspensão abaixo do centro de gravidade: o equilíbrio é instável; se afastarmos o objeto da sua posição de equilíbrio, ele não volta a essa posição. E se agora o suspendermos pelo seu centro de gravidade (o que faz com que o ponto de suspensão e o centro de gravidade coincidam), o objeto estará em equilíbrio, qualquer que seja a posição. A este equilíbrio dá-se o nome de indiferente.

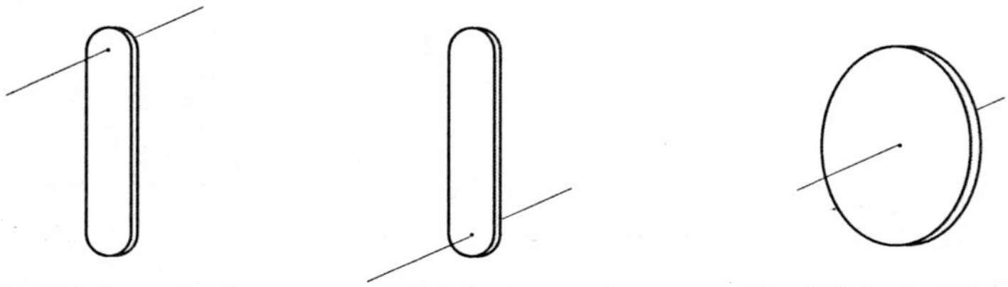

Equilíbrio estável | Equilíbrio instável | Equilíbrio indiferente

Podemos encontrar estas três espécies de equilíbrio em nós. No primeiro caso, o do equilíbrio estável, o ponto de suspensão é a cabeça e o centro de gravidade é o estômago. Só está em equilíbrio o homem que pensa que a razão e a sabedoria estão antes das aquisições materiais. O seu equilíbrio é estável porque ele tem uma filosofia e mantém-se nela. Contenta-se em pôr comida no centro da gravidade. Evidentemente, um ser assim debate-se ao longo da vida com dificuldades e sofrimentos que o fazem abanar, mas encontra sempre a sua posição de equilíbrio.

Quem pensa que tudo reside nos prazeres, na comida, nas paixões, coloca o seu ponto de apoio no estômago e o seu centro de gravidade na cabeça. Por conseguinte, o seu equilíbrio é instável e, se encontra algumas dificuldades na vida, essa pessoa perde definitivamente o equilíbrio. O bêbado, que transformou a sua cabeça em centro de gravidade e o seu estômago em ponto de apoio, caminha cambaleando.

Quanto ao homem que vive orientado pela intuição, dirigido pela sua voz interior, esse está num equilíbrio semelhante ao da Terra que gira em volta do Sol: o seu ponto de suspensão e o seu centro de gravidade confundem-se e estão situados no plexo solar, onde se encontram a intuição e o equilíbrio definitivo.

O verdadeiro equilíbrio não se encontra nas coisas friáveis e mutáveis, na terra, na água... Imaginai um homem e uma mulher, cada qual navegando no seu barco, que se aproximam um do outro. Durante esta aproximação, trocam promessas entre si; um diz: «Amo-te, ser-te-ei eternamente fiel», e o outro responde: «Eu também te amo, jamais te abandonarei...» Mas levanta-se uma ventania que agita a água e separa os barcos. Levado pelas vagas, o homem grita: «Não me és fiel!» e a mulher responde: «Tu é que me enganaste!» Mas nem um nem outro são culpados: as suas promessas tinham sido feitas sobre água.

O caracol membranoso do ouvido é construído por fibras alinhadas; estas fibras podem ser comparadas a cordas. Consideremos um violino, no qual fazemos vibrar uma corda, afastando-a, pelo meio, da sua posição de repouso e largando-a bruscamente. Ouviremos um som que será tanto mais forte quanto mais tivermos afastado a corda da sua posição inicial. A intensidade do som muda segundo a amplitude do afastamento, mas o som em si mesmo permanece idêntico. Se encolhermos a corda e a fizermos vibrar novamente, verificaremos que o som não é o mesmo, é mais agudo. Peguemos agora noutro instrumento, uma guitarra, por exemplo; se fizermos vibrar alternadamente uma corda da guitarra e uma corda do violino, constataremos que há uma diferença de timbre. O som tem, pois, três características essenciais, a intensidade, a altura e o timbre, que são distinguidas pelo órgão de Corti. A intensidade depende da amplitude do movimento vibratório, a altura depende do número de vibrações durante um determinado tempo (quanto mais elevada é a frequência, mais agudo é o som) e o timbre depende da qualidade, da Natureza do instrumento.

A faculdade de distinguir os sons é uma qualidade de Saturno, e a melhor. Os Iniciados dizem que o Universo é uma sinfonia inexprimível. Quem estuda astrologia poderá compreender esta sinfonia se conhecer a intensidade, a altura e o timbre, pois a intensidade indica a força dos elementos físicos, a altura revela as qualidades morais e o timbre revela a Natureza dos elementos observados.

Com a ajuda destes dados, estudemos agora o que é um horóscopo. Num tema, temos os planetas, os signos e as casas.

1. O timbre é o planeta. Cada planeta – Júpiter, Saturno, Vénus, etc. – tem características próprias, uma Natureza própria.
2. A altura é o signo do zodíaco onde o planeta se encontra, o qual, consoante o caso, lhe permite manifestar as suas boas ou as suas más qualidades.
3. A casa onde o planeta está determina a intensidade, a força, com que ele se manifestará.

A situação dos planetas nos signos indica as qualidades psíquicas. O seu lugar nas casas indica a maneira como o homem manifestará as suas qualidades no plano físico. Se o planeta está num signo bom e numa má casa, não pode manifestar-se no plano físico no domínio regido por essa casa, apesar de todas as qualidades que possui. Pelo contrário, se o planeta se encontra em exílio ou em queda num signo, mas numa boa casa, mesmo que não possua boas qualidades, pode manifestar-se no plano físico, no domínio que lhe corresponde. Isto ocorre frequentemente e faz supor que certas pessoas são dotadas quando, afinal, não o são. Por exemplo, um homem que tenha Júpiter em Sagitário ou em Peixes e na décima segunda casa, mesmo que tenha grandes qualidades, estas ficarão em segredo, ao passo que quem tem Júpiter em Gémeos ou em Virgem na décima casa verá, pelo contrário, as suas qualidades sempre apreciadas e postas em destaque.

Quando falo de boas e más casas, isso não significa, de modo algum, que as casas por si próprias sejam boas ou más. Simplesmente, para os planetas, certas casas são-lhes mais favoráveis ou menos favoráveis. Por exemplo, Júpiter na casa II (que é a casa da fortuna, do dinheiro) tem uma influência muito benéfica sobre as finanças, enquanto Saturno na mesma casa tem uma influência nitidamente desfavorável ou atrasa os bons efeitos. São inúmeras as combinações que os dez planetas descobertos até hoje (no futuro, descobrir-se-ão outros) podem fazer com as doze constelações e as doze casas. Além disso, existem entre os planetas relações geométricas importantes a que os astrólogos chamam "aspetos". Os aspetos representam um determinado intervalo entre dois planetas situados no círculo do Zodíaco.

Os aspetos essenciais são os seguintes: o trígono Δ, o sextil ⚹, o semi-sextil ⚺, a conjunção ☌, a oposição ☍, a quadratura □ e a semi-quadratura L.

O trígono (aspeto de 120°), o sextil (aspeto de 60°) e o semi-sextil (aspeto de 30°) são considerados como harmoniosos e favoráveis.

A oposição (aspeto de 180°), a quadratura (aspeto de 90°) e a semi-quadratura (aspeto de 45°) são considerados como dissonantes e desfavoráveis.

A conjunção, que acontece quando o afastamento entre os planetas é inferior a 10°, também é considerada como muito poderosa e significativa; é favorável ou desfavorável, consoante a Natureza dos planetas conjuntos.

Nos aspetos, podemos encontrar igualmente a intensidade, a altura e o timbre. Consideremos um aspeto: o seu timbre depende dos dois planetas que o formam, a sua altura depende dos dois signos do Zodíaco onde os planetas se encontram e a sua intensidade depende das casas onde ele ocorre. Hoje, a minha tarefa não é explicar-vos a astrologia, mas pôr algumas chaves à vossa disposição. Anda-se sempre a falar da harmonia celeste, sem se saber que estas leis fundamentais estão inscritas nos ouvidos, no aparelho de Corti.

Tal como eu já vos disse, a qualidade essencial de Saturno é o discernimento. O sábio sabe discernir as coisas – a intensidade, a altura e o timbre –, sabe discernir o lobo dos cordeiros, as abelhas das vespas, as nascentes dos pântanos, o espiritual do material. É nisso que consiste a sabedoria: saber discernir cada coisa e a todo o momento. O órgão do discernimento a que eu me refiro é o terceiro ouvido. Sim, tal como existe um terceiro olho, do qual já vos falei, também há um terceiro ouvido, que os Iniciados e os clariaudientes souberam desenvolver. Este terceiro ouvido encontra-se na garganta, ao nível da glândula tiroide. Para o desenvolver, é necessário saber viver em silêncio. No passado, os Iniciados, os ascetas, os eremitas, iam viver em solidão, para escutarem a voz interior. Tal como Saturno, ficavam sós para ouvir... Se quereis ouvir a voz interior, entrai em vós mesmos e escutai-a.

Pode distinguir-se uma pessoa sábia de outra que o não é apenas pela sua maneira de escutar. Escutar é uma grande ciência. Todos nós julgamos que sabemos escutar; não, existem muito poucos seres que sabem escutar, e esses são os verdadeiros saturnianos. Falam pouco e escutam.

Eu disse que devíamos saber discernir os lobos dos cordeiros, as vespas das abelhas... Mas, por vezes, preferimos a intensidade à altura, e dizemos: «É um lobo, isso é verdade, mas é poderoso» e capitulamos perante esse lobo. Os cordeiros são fracos, é certo, mas são mais evoluídos do que os lobos. Para os lobos, a perspetiva do futuro não é boa. Não lhes preparam casa nem comida, toda a gente pensa em persegui-los e matá-los. Os cordeiros, pelo contrário, têm um bom futuro, porque sabem dar, e as abelhas também. Quem é avarento não recebe nada.

Era uma vez um grande avarento que tinha ido parar ao inferno, mas os anjos tiveram piedade dele e quiseram fazer qualquer coisa para o salvar. Foram ter com São Pedro, que consultou o seu calhamaço, para ver se o avarento teria feito alguma coisa de bom na vida. Depois de muito procurar, descobriu que, um dia, ele dera um rabanete negro a um pobre. Isso era suficiente para se tentar salvá-lo.

Foram, então, buscar o rabanete e suspenderam-no por uma corda, para o fazer descer ao inferno, junto do avarento. Este, ao vê-lo, pegou-lhe com as duas mãos. São Pedro e os anjos puseram-se de imediato a puxar a corda e ergueram o avarento, que estava agarrado ao seu rabanete com unhas e dentes. Estava ele já suspenso no ar, quando os seus companheiros de inferno, vendo-o escapar-se por aquele meio, se agarraram a ele, para também serem salvos... Mas o avarento, vendo que os outros iam beneficiar, juntamente com ele, do inesperado socorro, pôs-se a gritar: «Larguem-me as pernas, este rabanete é meu!...» E de imediato a corda se partiu e caíram todos no inferno. Como vedes, não devemos falar daquela maneira e dizer: «Isto pertence-me... É meu...», porque caímos de novo no inferno.

Os verdadeiros saturnianos são aqueles que sabem escutar a voz de Deus. Dir-me-eis: «Mas como é que se manifesta a voz de Deus? Como podemos escutá-la?»[5] Quando o profeta Elias fugia da rainha Jezabel, escondeu-se durante muitos dias no deserto, e a voz de Deus manifestou-se finalmente nele. Houve, inicialmente, um vento violento, que rasgou as montanhas e quebrou as rochas, mas Deus não estava no vento. Em seguida, houve um tremor de terra, mas Deus não estava no tremor de terra... Houve um incêndio, mas Deus não estava no fogo. Finalmente, depois do fogo, houve um murmúrio doce e leve, e Deus estava nesse murmúrio. Como vedes, Deus não estava na tempestade, nem no tremor de terra, nem no fogo, mas sim num murmúrio. A voz de Deus não faz barulho e, por isso, é necessário estar muito atento para a ouvir.

Também o profeta Jonas ouvira a voz de Deus, que lhe dissera: *«Ergue-te, vai a Nínive, a grande cidade, e prega contra ela, pois a sua maldade subiu até mim.»* Mas Jonas, em vez de obedecer, embarcou num navio que rumava para Társis. Porém, quando ele estava no mar, levantou-se uma grande tempestade. Ficaram todos atemorizados e decidiram tirar à sorte para se saber quem é que atraía aquela tempestade. A sorte designou Jonas e atiraram-no à água. Ele foi engolido por uma baleia e ficou três dias no seu ventre. Aí, refletiu e compreendeu que devia submeter-se ao Eterno. Então, foi vomitado pela baleia e salvo... Tal como Jonas, quando não queremos cumprir aquilo que a voz de Deus nos pede, encontramos baleias e ficamos vários dias no seu ventre. Quantas baleias não encontramos nós na vida!... Baleias de todos os tamanhos e de todas cores… Se estivéssemos mais atentos, se soubéssemos discernir, veríamos que, antes de cada empreendimento importante na nossa vida – uma viagem, um trabalho, uma decisão a tomar –, há dentro de nós uma voz doce que nos fala, mas nós não a escutamos. Como gostamos da algazarra e das tempestades, para podermos ouvir o ser que nos fala, ele tem de fazer imenso barulho. Se ele fala suavemente, não o ouvimos.

No entanto, devemos saber que, quando os seres superiores nos falam, apenas nos dizem algumas palavras e com uma voz quase impercetível. Quando, devido a um erro da nossa parte, nos acontece uma infelicidade, pensamos: «Sim, é verdade, houve algo em mim que me avisou, mas tão baixinho, tão baixinho…» Nós não ouvimos porque preferimos seguir as vozes que nos falam muito e bastante alto, para nos induzir em erro. Deus fala suavemente e sem insistência; diz as coisas uma vez, duas vezes, três vezes, não mais. A intuição não insiste e, se nós não escutarmos atentamente, se não distinguirmos essa voz, porque gostamos do barulho, da violência e das tempestades, andaremos sempre desencaminhados.[6] A voz do Céu é extremamente suave, terna, melodiosa e breve. Aqueles que querem o nosso bem, que são enviados por Deus, manifestam-se de três maneiras: por uma luz que fazem nascer em nós; por uma dilatação, um calor, um amor que sentimos no nosso coração, e, finalmente, por uma sensação de liberdade e pela decisão de realizarmos atos nobres e desinteressados.

Ficai sabendo que alguém que puder iluminar o vosso espírito, aquecer o vosso coração e libertar a vossa vontade, quer seja rico ou pobre, sábio ou ignorante, é um enviado de Deus. Ao invés, quem fizer com que em vós tudo fique baralhado, quem vos contrair o coração e vos tirar o gosto por praticar ações belas e sensatas, é alguém de quem deveis desconfiar, fugir, afastar-vos! Mesmo que seja o mais erudito, o mais célebre ou o mais glorioso dos homens, será um desastre para vós; por seu intermédio, virão até vós todas as infelicidades.

Saturno não gosta dos seres orgulhosos, injustos desonestos; não gosta daqueles que ficam transtornados por causa das riquezas, da glória ou dos prazeres. Ele destrói tudo, vira tudo do avesso, porque está colocado na Natureza como se fosse uma alfândega, no limite do septenário. À passagem dessa alfândega, Saturno diz: «O que vens procurar aqui? És demasiado orgulhoso, carregas um fardo pesado por causa das tuas riquezas, não podes passar o limite.» Ninguém pode passar esse limite, se não for puro. Saturno é o guardião do umbral e é também ele que guarda os arquivos. Os arquivos do mundo e os da humanidade são guardados por Saturno, que é o maior arquivista da Natureza. É ele quem sabe tudo e inscreve tudo no mundo causal. Mas só chegaremos a conhecer esses arquivos do mundo causal se formos puros. Os Iniciados apresentam Saturno como um esqueleto. O esqueleto é o que há de mais resistente. Tudo morre, mas os ossos ficam. Os corpos físico, astral e mental morrem, mas o corpo causal é imortal.

Enquanto se tiver um esqueleto, ossos, pode-se cobri-los novamente de carne, vivificá-los. Numa passagem do Antigo Testamento, o Eterno, depois de ter transportado o profeta Ezequiel para um vale cheio de ossadas, disse-lhe: *«Profetiza sobre estes ossos e diz-lhes: 'Ossadas secas, escutai a palavra do Eterno! Assim fala o Senhor Eterno a estes ossos: eis que eu vou fazer entrar em vós o espírito, e vivereis; dar-vos-ei nervos, farei crescer sobre vós carne, cobrir-vos-ei de pele, porei em vós um espírito, e vós vivereis. E vós sabereis que Eu sou o Eterno.'»* Esta ideia é também expressa pela vigésima carta do Tarô: o Julgamento, que representa um anjo soprando numa trombeta para despertar os mortos. Grandes mistérios se escondem nesta carta, que corresponde a certos acontecimentos da vida do discípulo e de toda a humanidade. E, no Evangelho, o Cristo diz: *«Em verdade, está a chegar a hora – e ela já chegou – em que os homens ouvirão a voz do Filho de Deus e todos os que a tiverem ouvido viverão... Não vos surpreendais com estas coisas, pois virão os tempos em que todos os que estiverem nos sepulcros ouvirão a voz.»*

Presentemente, por todo o lado surgem Iniciados que nos dizem: «Despertai, o Sol já está a erguer-se sobre o mundo. Ele espalha o seu calor e envia a sua luz por toda a parte. Uni-vos todos no espírito de amor e de luz. As trevas desaparecem, começa a nova vida. Vinde trabalhar connosco e nós mostrar-vos-emos as riquezas da vida.» Mas, como eu já vos disse, os seres superiores não falam em nós nem muito, nem durante muito tempo; dizem-nos apenas: «Estai vigilantes... Amai... Estudai... Ligai-vos ao Céu... Sede puros... Abri o vosso coração a Deus... Preservai a vossa paz...» Ao contrário dos outros, que nos falam dia e noite, apresentando-nos toda a espécie de argumentos, para conseguirem obter o que desejam. Quando os seres superiores falam em nós, podemos compreendê-los, mas eles só se fazem entender num profundo silêncio. É por isso que os Iniciados jejuam muitas vezes: para estabelecerem o silêncio no seu interior. Quando o homem come até ficar saciado, gera-se nele um barulho imenso, pois todos os seus animais interiores começam a fazer algazarra. Todos gritam: «É para mim... É para mim...» Ao invés, aquele que jejua fica surpreendido com a paz que reina nele; e só nessa paz é que se pode ouvir a voz de Deus.

De agora em diante, devemos criar laços de amizade com Saturno. Enquanto não gostarmos dele, haverá más relações entre ele e nós. Mas se o amarmos, isto é, se amarmos a sabedoria, o silêncio, a meditação, a perseverança, Saturno será bom para nós. Saturno representa um sistema idêntico ao sistema solar, com planetas comparáveis a Marte, a Júpiter, à Terra, à Lua, etc... De tal modo que, no seu sistema, existe também uma imitação do nosso planeta, de tudo o que o constitui, e todos nós temos o nosso sósia nessa terra saturniana. Saturno observa tudo o que se passa, vê tudo, sabe tudo, anota tudo. Se fordes injustos, desonestos, maldosos, se não quiserdes obedecer à lei divina, ou então, pelo contrário, se melhorardes e vos tornardes mais ajuizados, mais indulgentes, Saturno sabe isso e inscreve-o imediatamente nas linhas da vossa mão.

Vou dizer-vos mais uma coisa. Certos Iniciados sabem preparar um líquido a que chamam "espírito universal". Este líquido é extraído da atmosfera, da neve, da chuva, do orvalho; é uma condensação do espírito da Natureza, que vivifica tudo.[7] Se aquele que possui um pouco desse líquido quer saber como é que um amigo seu está de saúde, deita uma gota do sangue deste num pouco de "espírito universal"; se o amigo estiver saudável, formar-se-á a figura ⊙, semelhante a uma célula com o seu núcleo. Se ele estiver a repousar, nada acontece com o líquido, este fica apenas um pouco mais escurecido. Se ele estiver doente, não haverá luz nenhuma na gota de sangue; e, se ele morrer durante a experiência, o frasco partir-se-á. Tal como este "espírito universal", Saturno pode ver tudo e conhecer o estado de cada coisa. Por isso, é Saturno quem recompensa ou pune. Ele representa o destino*.

Mas nós podemos modificar o nosso destino, se soubermos distinguir as coisas boas das más, se soubermos distinguir a voz dos seres superiores da dos seres inferiores, se soubermos colocar-nos no estado de equilíbrio espiritual.

Hoje, eu recebi do meu Mestre uma fórmula magnífica. Se me permitirdes, vou ensinar-vo-la. Na Bulgária, toda a nossa Fraternidade a repete diariamente às 8 horas e às 20 horas. É uma boa fórmula, que pode ligar-nos à Fraternidade Branca. Ei-la: «Viverei segundo o amor exatamente como o Cristo o ensinou. Que a minha vida melhore pelo amor!... Viverei segundo a lei de Deus; que a minha vida se transforme, tal como Deus o pediu!»

Vivamos com o amor e a sabedoria. Sejamos bons, pacientes, e abramos os nossos corações e as nossas almas ao amor que vem diariamente aquecer-nos e vivificar-nos. Abramos os nossos intelectos

* A propósito de Saturno, podemos notar que, em relação a alguns pontos, a anatomia e a física nuclear trazem uma confirmação à Ciência Iniciática. O Mestre Omraam Mikhaël Aïvanhov sempre disse que foram os Cabalistas que, com a Árvore Sefirótica, deram o esquema mais satisfatório do Universo, e falou bastante sobre este assunto. Ora, na Árvore Sefirótica, o planeta Saturno, que o Mestre põe em relação com os ouvidos, pertence à séfira Binah, onde os 24 Anciãos presidem aos destinos das criaturas. Binah é a séfira da estabilidade e, entre os metais, é o chumbo que lhe está atribuído.

Uma primeira confirmação destas correspondências é-nos fornecida pelo número 24, que se encontra duas vezes na anatomia do ouvido: o canal do ouvido médio tem 24 milímetros de comprimento e o órgão de Corti, que é o órgão essencial à audição, é composto por 24 000 cordas. Por outro lado, sabe-se que os elementos radioativos naturais foram classificados em três famílias cujos chefes de fila – o urânio, o actínio e o tório – dão as desintegrações sucessivas das diferentes substâncias radioativas e, como termos últimos, dos isótopos do chumbo não radioativos. É de notar que as três famílias radioativas naturais cheguem todas a um termo último, que é um isótopo de chumbo estável. É, pois, com razão que o chumbo pode ser considerado como um símbolo da estabilidade… É plausível que existam, neste domínio, outras confirmações da mesma Natureza. (Nota do editor original) e os nossos espíritos à sabedoria que vem iluminar-nos, elucidar--nos e guiar-nos pelo caminho da verdade! Se formos filhos da luz, teremos saúde, seremos felizes, belos, poderosos, seremos a imagem do Deus vivo. Assim seja!

Paris, 19 de fevereiro de 1938

Notas

1. Cf. *«Em espírito e em verdade»*, Col. Izvor n.° 235, cap. IX: «A pele, órgão do conhecimento».
2. Cf. *Les deux arbres du Paradis*, Œuvres complètes, t. 3, cap. III: «Ce que révèle le visage humain».
3. Cf. *«Connais-toi toi-même» – Jnani yoga*, Œuvres complètes, t. 18, cap. III: «La puissance de la pensée», parte I.
4. Cf. *La pierre philosophale – des Évangiles aux traités alchimiques*, Col. Izvor n.° 241, cap. II: «Ce n'est pas ce qui entre dans la bouche qui peut souiller l'homme».
5. Cf. *A via do silêncio*, Col. Izvor n.° 229, cap. XII: «Voz do silêncio, voz de Deus».
6. Cf. *Natureza humana e Natureza divina*, Col. Izvor n.° 213, cap. VIII: «A voz da Natureza divina» e *A via do silêncio*, Col. Izvor n.° 229, cap. XIV: «A sala do silêncio».
7. Cf. *La pierre philosophale – des Évangiles aux traités alchimiques*, Col. Izvor n.° 241, cap. XII: «La rosée de mai».

V

O amor oculto na boca

«Em verdade, em verdade vos digo: aquele que acredita em mim tem a vida eterna. Eu sou o pão da vida. Os vossos pais comeram o maná no deserto e morreram. Mas este é o pão que desce do céu, para que aquele que dele comer não morra.

Eu sou o pão vivo que desceu do céu. Se alguém comer deste pão viverá eternamente; e o pão que eu hei de dar é a minha carne, que darei pela vida do mundo.»

Discutiam, então, os Judeus acerca disto, dizendo: «Como é que ele pode dar-nos a sua carne a comer?»

Disse-lhes Jesus: «Em verdade, em verdade vos digo: se não comerdes da carne do Filho do homem e se não beberdes do seu sangue, não tereis a vida em vós. Aquele que come da minha carne e que bebe do meu sangue tem a vida eterna e eu ressuscitá-lo-ei no último dia. Porque a minha carne é, em verdade, uma comida, e o meu sangue é, em verdade, uma bebida. Aquele que come da minha carne e que bebe do meu sangue permanece em mim, e eu nele. Assim como o Pai, que vive, me enviou, e eu vivo pelo Pai, assim aquele que me come viverá por mim.»

São João, 6: 47-58

«Aquele que come da minha carne e bebe do meu sangue tem a vida eterna.» Comer a carne do Cristo, beber o seu sangue, são, evidentemente, expressões simbólicas, e é preciso interpretá-las.

A carne e o sangue do Cristo são o pão e o vinho: o pão, que é feito com trigo, e o vinho, que é feito com uvas. O pão é a carne e o vinho é o sangue. O pão e o vinho são símbolos que se encontram em todas as Iniciações.

Certamente lestes, no Génesis, a narrativa do encontro que Abraão teve com o sacerdote do Deus vivo, Melquisedeque, rei de Salem: *«Quando Abraão regressava, vencedor, de Kedorlaomer e dos reis seus aliados, o rei de Sodoma saiu-lhes ao encontro no vale de Chavé, que é o vale do rei. Melquisedeque, rei de Salém, mandou trazer o pão e o vinho, pois era sacerdote do Altíssimo. Ele abençoou Abraão e disse: "Bendito seja Abraão, pelo Deus Altíssimo, Senhor do céu e da terra! Bendito seja o Deus Altíssimo, que entregou os teus inimigos nas tuas mãos." E Abraão deu-lhe o dízimo de tudo.»*

O nome de Melquisedeque, que significa "rei de justiça", provém do hebreu *mélek*, rei, e de *tsédek*, justiça. Quanto ao nome da cidade de que ele era rei, Salém, tem a mesma raiz que a palavra *schalom*, paz. Melquisedeque é o rei de justiça e de paz; é um personagem muito misterioso, acerca do qual se conhecem muito poucas coisas. Só os grandes Iniciados têm alguns conhecimentos a seu respeito. Na Bíblia, só existe uma passagem onde Melquisedeque é mencionado, a epístola de São Paulo aos Hebreus. São Paulo escreve o seguinte: *«Foi este Melquisedeque, rei de Salém e sacerdote de Deus soberano, que foi ao encontro de Abraão quando este regressava da derrota infligida aos reis, que o abençoou, e a quem Abraão deu o dízimo de tudo; e que é, conforme o seu nome indica, primeiramente, rei de justiça, e depois, rei de Salém, isto é, rei de paz. Sem pai, sem mãe, sem genealogia, sem princípio de dias nem fim de vida, ele assemelha-se assim ao filho de Deus e permanece sacerdote eternamente. Considerai quão grande é aquele a quem o patriarca Abraão deu o dízimo dos despojos.»* Falar-vos-ei de Melquisedeque numa outra ocasião.

A Santa Ceia, instituída por Jesus, repetia a entrega do pão e do vinho que Melquisedeque fizera a Abraão. Aliás, São Paulo diz também que Jesus era sacerdote segundo a ordem de Melquisedeque.[1] A lenda do Santo Graal está igualmente ligada aos símbolos do pão e do vinho… Mas, neste momento, não posso alongar-me acerca destas questões, apesar de elas serem muito interessantes.

O trigo, que cresce nos campos, e a uva, que se desenvolve na videira, são os símbolos dos dois princípios – masculino e feminino –

que se encontram em todas as Iniciações, isto é, os símbolos da sabedoria e do amor. A vinha é o coração e o vinho é o sangue, isto é, os sentimentos. O campo é a cabeça, o intelecto, e o trigo são os pensamentos. Portanto, se comermos a sabedoria que vem do espírito e se bebermos o amor que corre do coração, teremos a vida eterna. Só por intermédio do amor e da sabedoria se pode obter a vida eterna.

Nós comemos e bebemos, e isso faz-se através da boca. Toda a gente tem uma boca. Com que sabedoria a Natureza a construiu! Quantas coisas nela estão escondidas! Nas conferências anteriores, eu disse-vos que cada homem representa um triângulo, cujos lados são o intelecto, o coração e a vontade. Disse-vos também que o ideal do nosso intelecto é a sabedoria divina, que o do nosso coração é o amor divino e que o da vontade é a liberdade divina; tivemos ocasião de descobrir este triângulo em toda a parte, em todos os domínios. Expliquei-vos que os olhos representam a verdade e que os ouvidos representam a sabedoria; hoje vou falar-vos da boca, que representa o amor. Gostaríeis de saber também o que representa o nariz?... Contentai-vos em saber que é um resumo de todo o homem. É um indicador comparável a um manómetro que indica a pressão de um fluido. Permite conhecer a intensidade da luz interior no homem, a distribuição das energias… Ele divide-se em três partes, mas falar-vos-ei acerca deste assunto numa outra ocasião.

Hoje vamos, pois, estudar a boca, que representa os sentimentos, as emoções, as paixões e os instintos. A boca, como sabeis, faz parte do aparelho digestivo; é por seu intermédio que comemos e bebemos. Do ponto de vista astrológico, está ligada a Vénus (planeta do amor) e a Mercúrio, por intermédio da língua, que é hábil a realizar tanto coisas boas como coisas más. A boca (com a língua) representa, pois, a associação de Vénus e Mercúrio, numa das suas manifestações no mundo. A língua é Mercúrio, o deus que se metamorfoseia, Hermes, o mensageiro dos deuses, que surge ora como Saturno, ora como Marte, ora como Urano ou como a Lua.

A boca é a sede do paladar e da palavra, onde se mostra muito ativa e muito eficaz. Com efeito, diz-se que a língua não tem ossos, mas que pode triturar os ossos; que não tem corda, mas que pode prender qualquer pessoa; que não possui uma espada, mas que pode trespassar os corações... Na sua face superior, situam-se as papilas gustativas e, na sua face inferior, as glândulas salivares.

Como eu já vos disse, todo aquele que pretende estudar as ciências ocultas deve começar pelo estudo do seu próprio organismo, porque todas as ciências estão em nós; aquele que quer estudar alquimia deve, pois, começar por estudá-la em si próprio, estudando a boca e as respetivas funções, assim como os alimentos que diariamente ingere, porque eles contêm todos os elementos químicos e alquímicos.

Para os astrólogos, os signos de Vénus são o Touro e a Balança (♉ ♎). A boca está, pois, em relação com o Touro (a garganta) – e, como podeis ver, este signo tem a forma de uma língua – e com a Balança (os rins).Os signos de Mercúrio são os Gémeos e a Virgem (♊ ♍); os Gémeos estão ligados aos braços e a Virgem ao plexo solar e aos intestinos. Na antiguidade, Mercúrio era considerado como o deus hábil, engenhoso, que podia fazer tudo, Hermes, o mágico que cura e faz milagres com a varinha mágica rodeada de duas serpentes entrelaçadas: o caduceu.[2] As duas serpentes representam as duas mãos. Interpretadas do ponto vista esotérico, são as duas correntes que atravessam o Universo: o amor e o ódio, a atração e a repulsão, a vida e a morte, a eletricidade e o magnetismo, o calor e o frio, a luz e as trevas, e toda a magia está baseada no conhecimento destas duas correntes. O Iniciado cura e faz milagres com as mãos, representando cada uma delas uma serpente enrolada.

As forças que passam através das mãos têm a sua origem no plexo solar. Estais a ver, pois, como os dois domicílios de Mercúrio, os Gémeos e a Virgem, estão ligados entre si.

Tudo aquilo que comemos e bebemos deve passar através dos rins e, se não formos razoáveis neste domínio, os detritos não são eliminados, o que provoca o aparecimento de diferentes doenças: cálculos, pedras renais, etc. O rim é uma outra espécie de fígado; tal como o fígado, que purifica o sangue e absorve os venenos, os rins são uma fábrica onde se elabora a urina, veneno que posteriormente deve ser eliminado. Assim como podemos conhecer o estado de saúde de alguém pelo aspeto da sua língua, podemos conhecer o estado geral do homem pela Natureza da sua urina. Eu não tenho tempo para vos explicar hoje, com o auxílio de símbolos, a narrativa da queda tal como ela é apresentada no Génesis. Astrologicamente, o signo oposto ao Touro (a boca, a garganta) é o Escorpião. Ora, o Escorpião é a serpente do Génesis, e o signo astrológico ao qual estão ligados os órgãos sexuais.[3]

Já vimos que o centro do equilíbrio se encontra no ouvido, nos canais semicirculares, que estão dispostos segundo os três planos do espaço. Um outro centro de equilíbrio no corpo são os rins. Os rins têm a função de manter constante a composição do sangue e encontram-se situados a meia altura do corpo físico; astrologicamente, é-lhes atribuído o signo da Balança, símbolo do equilíbrio, ao qual também estão ligados os ouvidos, porque os ouvidos estão sob a influência de Saturno, que está em exaltação na Balança. No que diz respeito à relação que existe entre os ouvidos e os rins, podemos ainda fazer uma observação a propósito dos grãozinhos de calcário que o líquido endolinfático contém: estes grãos, que têm como função garantir o equilíbrio, estão, pois, bem colocados nos ouvidos; em contrapartida, os cálculos nos rins provocam perturbações de saúde muito graves.

Quando estudámos a ligação que há entre as cores e os triângulos formados pelos três princípios – intelecto, coração e vontade –, vimos que o amarelo corresponde ao cérebro, o azul, aos pulmões, e o vermelho, ao estômago. Ora, cada cor está ligada àquela que se lhe opõe na estrela de seis pontas; isto é: o vermelho está ligado ao verde; o azul, ao laranja; e o amarelo, ao violeta. (fig. 1, página seguinte)

O vermelho e o verde agem no sexo e no estômago, o vermelho, na manifestação da força vital; e o verde, na digestão. O azul e o laranja agem nos pulmões e no coração; o laranja é a saúde que nasce da respiração, e o azul, a paz. O amarelo e o violeta agem na cabeça; o amarelo é a cor do intelecto, da sabedoria, e o violeta é a cor do sentimento místico, da adoração ao Criador. (fig.2, página seguinte)

Debrucemo-nos agora um pouco sobre as plantas. Na face inferior das suas folhas, as plantas têm múltiplos orifícios semelhantes a pequenas bocas, chamados estômatos, que permitem trocas de gás carbónico e de vapor de água entre o ar exterior e o interior da folha.

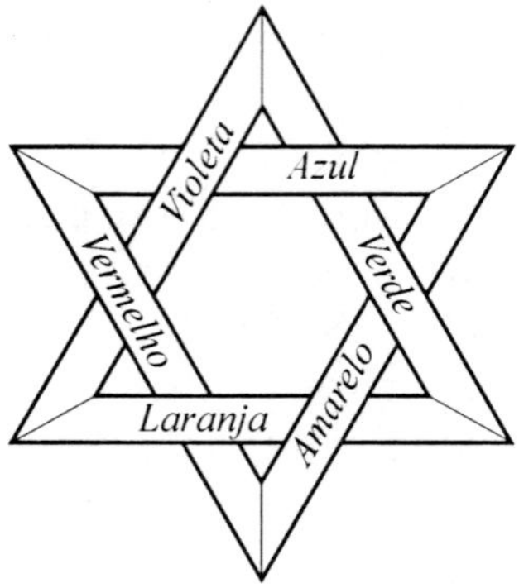

Fig. 1

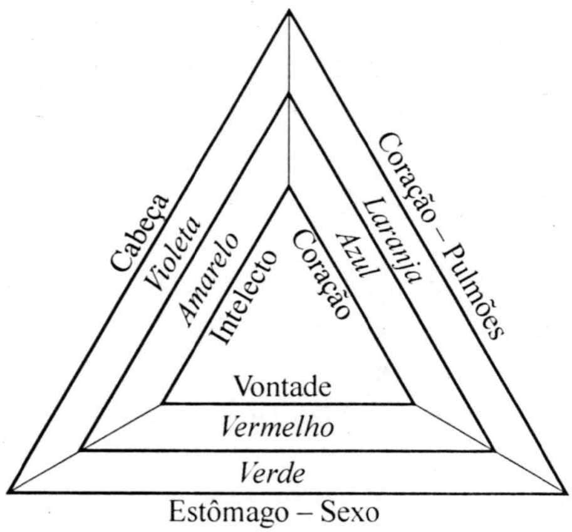

Fig. 2

É através dos estômatos que a transpiração, a respiração e a assimilação se realizam. A assimilação consiste na decomposição do gás carbónico do ar em carbono, que a planta absorve para se alimentar, e em oxigénio, que ela elimina. Esta assimilação processa-se sob a ação da luz, graças à presença de três pigmentos contidos na folha: a xantofila, a carotina e a clorofila. A xantofila é amarela, a carotina é de um vermelho alaranjado e a clorofila é verde. Como as cores complementares do amarelo, do laranja e do verde são o violeta, o azul e o vermelho, encontramos o triângulo que já referi.

Há pelo menos três circunstâncias na vida em que os seres se compreendem perfeitamente: quando se reúnem à volta da mesa para comer, quando cantam em conjunto e quando oram em conjunto. Notai que, uma vez mais, encontramos o triângulo das seis cores e podemos completar o quadro desta maneira:

Estômato

Vermelho – Verde	Clorofila	Alimentação
Azul – Laranja	Carotina	Canto
Amarelo – Violeta	Xantofila	Oração e meditação

Por certo, já notastes que, nos homens, acontece o inverso daquilo que se passa nas plantas, isto é, eles respiram o que as plantas eliminam e eliminam o que as plantas respiram e assimilam. As plantas têm a cabeça em baixo; com efeito, a sua cabeça é a raiz, o órgão de nutrição, e o seu sexo é a flor, onde se processa a reprodução. Se observardes uma árvore, vereis apenas as folhas, os pulmões, pois a cabeça, as raízes, estão enterradas.

Voltemos agora à boca, para estudar as papilas gustativas e as glândulas salivares. Os gomos gustativos existentes nas papilas, que se prolongam em filamentos nervosos e estão munidos de cílios sensitivos, parecem espigas de trigo, ao passo que as glândulas salivares se assemelham a cachos de uva.

Papila gustativa

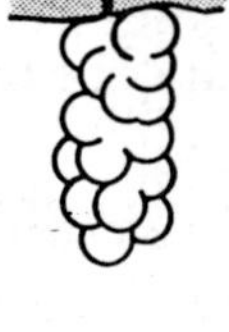

Glândula salivar

O que é verdadeiramente curioso são as ligações de Mercúrio e de Vénus, que influenciam a boca; Mercúrio está ligado à constelação da Virgem (a jovem que segura uma espiga de trigo, representando a ceifa que se faz em agosto) e Vénus à constelação da Balança, que corresponde aos meses de setembro e outubro, o período das vindimas. Ao mês do trigo, agosto, segue-se o da uva, setembro: são os meses de Mercúrio e de Vénus.

Jesus disse: *«Se comerdes da minha carne e beberdes do meu sangue, tereis a vida eterna.»* Como comer desta carne e beber deste sangue? É a boca que no-lo indica. A sabedoria (a carne) está ligada ao símbolo do trigo, portanto, ao sentido gustativo, às papilas; e o amor, o sangue, está ligado à uva, portanto, às glândulas salivares. Por isso, a sabedoria é provar* e o amor é segregar sucos. As glândulas salivares segregam a saliva, na qual se encontram elementos que fazem sobre os alimentos o mesmo trabalho que a clorofila, a carotina e a xantofila, isto é, fermentos que transformam os alimentos. Se comerdes mecanicamente, sem consciência daquilo que estais a fazer, sem reconhecimento, sem amor, tudo isto aliado a sentimentos negativos, de cólera ou de descontentamento, como os vossos sentimentos e os vossos pensamentos estão ligados às glândulas salivares, provocam reação nas secreções e, então, a saliva fica carregada de elementos incapazes de transformar a comida, causando, a longo prazo, perturbações no estômago e no tubo digestivo. A língua está colocada na boca como se fosse um guarda alfandegário. Ela saboreia e diz: «Ora vamos lá ver o que trazes aí!», e faz uma triagem nos alimentos. Quando este controlador está ausente ou se perverteu, há muitos elementos nocivos que passam a fronteira.

Deveis saber que, se comermos sem pensar nos alimentos que estamos a ingerir, sem os amar, só absorvemos as matérias físicas mais grosseiras, que não entram na construção do nosso ser espiritual; pelo contrário, se comermos com um grande amor e com plena

* É interessante notar que, com o seu método de interpretação dos símbolos, o Mestre Omraam Mikhaël Aïvanhov chegou à etimologia da palavra "sabedoria", do latim *sapientia*, derivada do verbo *sapere*, que significa "provar", "degustar". (Nota do editor original)

consciência da importância desse ato, as nossas glândulas segregam substâncias que transformam de imediato os alimentos e os tornam assimiláveis. A comida contém elementos muito subtis, comparáveis aos que existem na nossa alma e no nosso espírito. Se comermos num estado de temor, de descontentamento, de cólera, não absorvemos esses elementos espirituais, e é pena. Por isso, quando eu como, procuro fazê-lo em silêncio, pensando nos alimentos que vou absorver. Vós direis que os pensamentos não têm poder suficiente para modificar o que quer que seja no funcionamento das glândulas. Responder-vos-ei que todos os pensamentos, todas as imagens e tudo o que nos diz respeito agem de forma imediata sobre as nossas glândulas. Se eu cortar um limão na vossa presença e começar a comê-lo, sentireis que as vossas glândulas começam a funcionar e, por vezes, até o simples facto de falar nessa situação é suficiente para provocar o mesmo fenómeno.

Certas pessoas sentem as outras como um sabor. Jesus dizia: *«Reconhecereis os homens pelos seus frutos.»* Certas pessoas têm um sabor açucarado; outras, salgado; outras, ácido... Os astrólogos ligam esses sabores aos planetas que lhes correspondem: o amargo a Saturno; o picante a Marte; o insípido à Lua; o doce a Vénus; o salgado ao Sol e o ácido a Mercúrio. Podeis conhecer os homens segundo os seus frutos... Aquele que tem falta de vermelho e de verde não dará bons frutos no plano físico; aquele que tem falta de azul e de cor de laranja não dará bons frutos no plano astral; e aquele que tem falta de amarelo e de violeta não dará bons frutos no plano mental. Mas aquele que possuiu todas as cores dará bons frutos em todos os planos.

Falei-vos há instantes no poder do pensamento e agora vou dizer-vos algumas palavras acerca deste assunto. Em certas estações do metro, existem escadas rolantes cujo funcionamento é desencadeado por células fotoelétricas. Quando o passageiro avança, a interrupção brusca do feixe provoca a ativação do mecanismo da célula e a escada entra em funcionamento. É assim que tudo funciona na Natureza, onde a luz do Sol provoca um desencadear de processos nas plantas, nos animais e nos homens. Mais tarde, a humanidade utilizará apenas os raios solares para todas as realizações; todas as outras fontes de energia esgotar-se-ão e os homens procurarão a fonte inesgotável, o Sol. Os Iniciados já se servem dos raios solares, mas dos raios interiores, as virtudes, porque quem tem as virtudes possui os diferentes raios... Mas está a chegar a época em que todas as pessoas aprenderão a utilizar a luz do Sol para se curar e até para se aperfeiçoar, para se tornar honestas, nobres, luminosas...

A Natureza construiu todas as coisas de uma forma maravilhosa. Quando pensamos, os nossos pensamentos atravessam o nosso ser e, se pensarmos mal, os pensamentos, que são como raios de luz, são desviados e põem em funcionamento "escadas" que fazem descer a nossa consciência até ao inferno. Mas se tivermos pensamentos retos e justos, as "escadas" fazem-nos subir até ao cume. Aquele que julga que pode usar artimanhas para com a Natureza está muito enganado, isso não é possível. Até ao presente, ninguém conseguiu ludibriar a Natureza. Ela é mais sábia do que nós e foi ela que, há milénios, construiu tudo de tal modo que, conforme os nossos pensamentos, os nossos sentimentos e os nossos atos, há certas forças que entram em nós e começam a agir. Quando temos pensamentos e sentimentos imperfeitos, estes refletem-se em aparelhos existentes na nossa fábrica, que ainda conhecemos mal, e tudo começa a funcionar: as glândulas segregam alguns venenos e nós não compreendemos porque é que temos dores no estômago, na cabeça ou nos pulmões. Por intermédio destes sofrimentos, a Natureza pretende dizer-nos: «Porque é que seguiste por esse caminho?... Quiseste comer um fruto proibido e, desse modo, acionaste em ti aparelhos que têm a função de advertir-te, e agora sofres...»

Se comermos com amor, as nossas glândulas produzem secreções que têm uma ação favorável sobre os alimentos. Estes começam a transformar-se logo na boca. O estômago não é mais do que uma repetição, a um outro nível, da cavidade bocal. A boca representa um pequeno estômago espiritual. Não compreendeis como é que a boca pode ser um estômago espiritual?... Eu vou explicar-vos: imaginai que não comeis há três dias: tendes fome e sentis-vos fracos... Então, pegais num fruto e começais a comê-lo: logo desde a primeira dentada, sentis que uma força penetra em vós; no entanto, ainda não digeristes nem assimilastes nada. Então, de onde provém essa força? Esta assimilação espiritual processa-se em todos os homens, mas em graus diferentes. Embora todos os seres comam – o operário, o cientista, o poeta, o criminoso, o preguiçoso e o Iniciado –, eles não comem, de modo nenhum, da mesma maneira. Observai o modo como comeis e compreendereis muitas coisas. Quase se poderia dizer, também: «Diz-me como comes e dir-te-ei quem és.»

Se soubermos comer de acordo com as regras iniciáticas, tornar-nos-emos os maiores alquimistas. Os alquimistas procuravam a pedra filosofal para transformar todos os metais em ouro.[4] Sim, mas um alquimista deve ser algo mais do que um químico. O químico não é obrigado a introduzir nas suas experiências outros elementos além dos elementos materiais, mas o alquimista tem de o fazer. Eis a razão por que certos alquimistas, que conheciam perfeitamente a fórmula da pedra filosofal, não conseguiram obter resultados, apesar de terem preparado tudo cuidadosamente. Eles não eram bons e verdadeiros alquimistas. O verdadeiro alquimista sabe que, para além dos elementos químicos que preparou, segundo a fórmula, deve ainda emanar de si uma força que provoca um processo particular. Intelectualmente, há muitos homens que conhecem segredos, mas não conseguem alcançar resultados, porque não possuem a força e as virtudes necessárias. Fabricar a pedra filosofal é mais um processo psíquico e espiritual do que um processo físico. Aquele que quer obter a pedra filosofal deve estudar as virtudes, realizá-las em si mesmo; só nestas condições é que a matéria lhe obedecerá. Por isso, aqueles que comem seja o que for e de qualquer maneira, sem fazerem participar a sua consciência nesse ato, sem sentirem amor pelos alimentos, nem reconhecimento para com o Criador, são químicos, mas não bons alquimistas. Ao invés, aquele que come com amor e consciência altera os processos e transforma os alimentos em ouro puro.

Dir-me-eis: «Porque é que não nos fala dos mistérios, dos Anjos, dos Arcanjos, dos mundos superiores?»[5] Um dia, falar-vos-ei acerca de tudo isso, mas, se não souberdes comer conscientemente e com amor, mesmo os maiores mistérios não vos servirão para coisa nenhuma. Deve-se saber comer, simultaneamente, nos três mundos: o mundo físico, o mundo astral e o mundo mental. Se não soubermos comer, os Anjos e os Arcanjos fechar-nos-ão a porta do seu reino e dir-nos-ão: «O que vindes aqui fazer? Ide embora!

Ide primeiro aprender a comer!» Vós protestais, invocando que as pessoas podem instruir-se sem isso... Sim, aprendereis a conhecer a casca da laranja, mas jamais podereis provar o seu sumo.

Já vos tenho falado sobre o jejum. Acrescentarei hoje que, se nunca jejuais, as vossas células tornam-se preguiçosas, deixam de saber trabalhar como deve ser, e os canais do vosso organismo começam a ficar obstruídos. Mas, se jejuardes, as células dirão: «O que é que se passa? O nosso senhor está a deixar-nos morrer...»; então, elas despertam e começam a querer trabalhar. Como já não têm alimento, começam a pensar que, se nada fizerem, ficarão em perigo, e então os pulmões começam a respirar profundamente para absorver os alimentos etéricos que existem na atmosfera. Eis a utilidade do jejum! Eu tenho verificado isto muitas vezes. Aliás, nas nossas reuniões, não vos falo de coisas que li, mas sim de experiências vivas que tenho feito, desde há séculos. Quando se fica dois, três ou mais dias sem comer, aumenta-se o poder das células, que, então, se tornam capazes de absorver os elementos nutritivos que existem na atmosfera e que são elementos mais subtis do que os alimentos físicos. Do mesmo modo, se retivermos a respiração durante um curto período, o nosso pensamento começa a trabalhar num domínio mais elevado. É por isso que os Iniciados têm métodos para reter a respiração, a fim de libertarem as forças que existem no cérebro. Praticando o jejum, eles aumentam o poder da respiração e, ao reterem o ar, aumentam o poder do pensamento. Eles conhecem até métodos para interromper o curso do pensamento e intensificar em si a atividade do espírito.

Se comermos sempre até ficar saciados, a nossa respiração enfraquece, torna-se ofegante, e o nosso poder de reflexão ainda é mais afetado. Durante o jejum, a respiração torna-se mais fácil, a circulação melhora e a paz invade todo o nosso ser. Aquele que faz exercícios para reter a respiração pode enviar para o espaço pensamentos extremamente poderosos. Um dia, se o desejardes, falar-vos-ei da circulação dos pensamentos no espaço.[6]

A boca revela-nos muitas coisas importantes; por exemplo, diz-nos para amarmos e estabelecermos trocas com a Natureza. Jesus dizia: *«Vós sois o sal da terra; mas, se o sal perder o seu sabor, com o que é que se vai restituir-lhe a virtude? Só serve para se deitar fora e ser calcado com os pés.»*[7] O sal é o filho que nasce do ácido, o pai, e da base, a mãe. A frase de Jesus significa: «Vós sois o sal, isto é, a verdade, porque a verdade é filha da sabedoria (o pai) e do amor (a mãe). Portanto, se perderdes o sabor, isto é, se não comerdes a sabedoria e não beberdes o amor, sereis deitados fora, porque perdereis a vossa força. Conservai o amor e a sabedoria em vós, para terdes o calor e a luz.»

Talvez penseis que, apesar de eu vos falar constantemente do amor, não sabeis como amar. É verdade, as pessoas não sabem como amar. Outrora, sabiam, mas já se esqueceram. Houve uma época em que o homem sabia amar, pensar e decifrar os mistérios da Natureza, mas depois perdeu essa luz. Cada um dos seus crimes, cada um dos seus pecados, apagou nele uma lâmpada, e agora ele já não sabe ler o grande livro da Natureza viva, já não sabe amar… No entanto, é fácil amar, só que as pessoas não querem fazer qualquer esforço.

Na Bulgária, eu tinha um amigo que era muito rico, mas andava sempre extremamente triste. Um dia, encontrei-o na rua e ele disse-me: «Estás com um ar bem alegre. O que estiveste a fazer? – Oh, pouca coisa, acabei de comprar uma alegria. – Estás a brincar. Como é que isso é possível? – Não, não estou a brincar, é inteiramente verdade; comprei uma alegria por uma quantia muito pequena. – Como assim? Eu tenho gasto rios de dinheiro em toda a minha vida e nunca consegui ter alegria.» O meu amigo olhava para mim, incrédulo e surpreendido. No entanto, ele conhecia-me bem e sabia que eu não podia estar a enganá-lo. Então, eu disse-lhe: «Vem comigo… Olha, aqui tens um homem que vende alegria.» Diante de nós, encontrava-se um pobre homem que vendia botões, atacadores e linhas. «Sim, disse-lhe eu, este homem é um grande Iniciado do passado, mas cometeu erros, e agora, apesar do frio, da chuva e do vento, espera que surjam clientes durante horas a fio. Repara bem nele, dirige-te a ele, pega em qualquer coisa, uns atacadores, por exemplo, pergunta-lhe o preço e ele dir-te-á: «São dez levas*.» Dá-lhe cinquenta e recusa o troco. Ele ficará estupefacto e sentirá uma grande alegria. E pensará: «Ainda existem homens bons no mundo.» A sua fé aumentará e tu também sentirás a alegria que

* Moeda corrente na Bulgária. (N. T.)

ele irá sentir; ela vibrará em ti durante o dia inteiro e surgirá apenas à custa de alguns cêntimos.» O meu amigo ficou feliz, pois tinha compreendido. Eu acrescentei: «Vai também visitar um doente, leva-lhe um pequeno presente e dirige-lhe algumas palavras amigas. Diz-lhe que tudo se arranjará, que Deus é misericordioso... Procurando, deste modo, levar aos outros a alegria e o conforto, tornar-te-ás também alegre. Simplesmente, escolhe bem a pessoa que deves visitar, pois nem todos os homens aceitam a alegria.» Mas, evidentemente, é possível obter essa alegria de muitas outras maneiras.[8]

Já não me resta muito tempo hoje, mas, de qualquer modo, falar-vos-ei ainda um pouco acerca do poder mágico da palavra.

Existem duas categorias de magos: os que exercem a magia simplesmente pelo poder do verbo e aqueles que a exercem com o auxílio de um instrumento, uma varinha, na maior parte dos casos. Os primeiros são mais evoluídos, porque o seu instrumento mágico é a língua, que não é, portanto, exterior a eles; os outros, pelo contrário, são obrigados a ter uma varinha na mão, e a varinha é sempre exterior a eles. O caduceu era atributo de Mercúrio, deus da magia, e Mercúrio rege, simultaneamente, a língua e as mãos. Vós conheceis o início do Evangelho de São João: *«No começo era o Verbo, e o Verbo estava com Deus e o Verbo era Deus. Tudo o que foi feito, foi feito por Ele...»*[9] E até o homem, no passado longínquo, sabia criar pelo Verbo; mas, pouco a pouco, ao descer à matéria, ele perdeu o poder do Verbo e foi obrigado a criar com as mãos. Na origem, os homens eram reis, apenas tinham de dar ordens e tudo o que desejavam era executado, porque os reis têm sempre servidores para executar as suas ordens. Mas depois, de reis que eram, os homens tornaram-se subordinados, escravos, e, por consequência, deixaram de poder agir pela boca, e passaram a fazê-lo com as mãos. Atualmente, a humanidade é obrigada a trabalhar sobre a matéria, para lhe dar forma e extrair dela a sua subsistência, tal como Deus disse a Adão: *«Amassarás o pão com o suor do teu rosto.»* Antes da queda, o homem tinha servidores que executavam as suas ordens, e é por isso que se diz que ele habitava no Paraíso, pois o Paraíso não é um lugar de trabalho e de sofrimento. Todos aqueles que não realizam a vontade de Deus serão colocados em condições onde deverão ganhar a vida com grandes dificuldades.

O mundo foi criado pelo Verbo… Existe uma ciência que ensina como falar e, em particular, como falar aos outros que estão em nós, porque os nossos súbditos, os nossos filhos, estão dentro de nós e não fora. Nós queremos educar os outros, dar-lhes ordens, o que é muito difícil. Devemos começar por educar as nossas próprias células, é a elas que devemos dar ordens. Os sábios calam-se, pois têm o hábito de falar àqueles que vivem neles mesmos… Mas, observai-vos: se, através do pensamento, estiverdes a falar a alguém, podereis constatar que a vossa língua mexe dentro da boca, que ela se agita, seguindo os vossos pensamentos. Porquê? Porque os pensamentos estão ligados às palavras e a língua reproduz o movimento dos pensamentos, mas numa escala muito reduzida, evidentemente. É também nisso que consiste a magia. A nossa língua está muito mais particularmente ligada aos nossos pensamentos do que o resto do organismo. Ela é capaz, pois, de nos mostrar a ação que o pensamento exerce sobre as células: o facto de a língua seguir o movimento das nossas reflexões dá-nos a prova de que todas as nossas células são igualmente postas em ação, harmoniosamente ou não, segundo a Natureza dos nossos pensamentos. Direis que isso não se vê… Talvez, mas no plano subtil produzem-se movimentos impercetíveis, cujos efeitos só percebemos mais tarde.

As mãos estão ligadas ao signo de Gémeos, o plexo solar, à Virgem, e nestes dois signos é Mercúrio que domina. Por conseguinte, Mercúrio rege as mãos, o plexo solar e também a língua. Dobrai o vosso braço direito e colocai a mão sobre o plexo solar; obtereis, então, um triângulo: boca, cotovelo, plexo solar. Se, nesta posição, falardes às vossas células, elas ouvir-vos-ão, porque o plexo solar dirige todas as células e os processos inconscientes do organismo: secreções, crescimento, circulação, digestão, eliminação, respiração…[10] Deste modo, podemos falar às nossas células, ser ouvidos por elas, e tanto mais quanto maiores forem a nossa fé e a força do nosso pensamento. Graças à nossa mão, podemos também falar aos outros homens e entrar em comunicação com as forças racionais da Natureza.

Se eu me exprimo deste modo, é porque verifiquei e experimentei há anos tudo aquilo de que falo, e porque quero ajudar-vos. Hoje, eu sou para vós uma espécie de alimento e vós sois uma espécie de boca que absorve esse alimento... Mas, se não receberdes com amor as palavras que escutais, elas não vos servirão para nada. Se me escutardes com uma atitude crítica, irónica, de defesa, ou mesmo pensando que eu estou a dizer-vos coisas estúpidas, o alimento que recebeis não será absorvido e não produzirá nada em vós.

Saber comer representa uma ciência imensa, profunda, e é triste verificar que certos seres, ditos inteligentes e conhecedores, são completamente ignorantes acerca desta questão e alimentam-se como se fossem animais. Eu gostaria de ter-vos revelado esta noite a extensão e a importância dos segredos ocultos na nutrição. Aquilo que vos disse acerca da Santa Ceia ainda não é nada, em comparação com o que ela representa na realidade, pois ela contém todos os segredos da comunhão.[1] A comunhão consiste em entrar em relação todos os dias, a todas as horas, e por intermédio de todo o nosso ser, com todas as forças da Natureza: as pedras, as plantas, as montanhas, as nascentes, o Sol, as estrelas e, sobretudo, com os seres vivos. Mas quem é que pensa nisto? As pessoas limitam-se a comungar na igreja, de vez em quando, com o pão e o vinho, e julgam que isso é suficiente. Não, aquele que sabe comungar é capaz de entrar em relação, por intermédio do seu amor e da sua sabedoria, com todos os seres humanos, com a sua alma, com o seu espírito. No dia em que compreendermos verdadeiramente a questão da comunhão, poderemos dizer que comemos a carne do Cristo e bebemos o seu sangue, e a vida verdadeira invadirá todas as nossas células em todas as regiões do nosso ser, uma vida abundante, pura e nobre. É isso a vida eterna que não tem princípio nem fim.

Desejo-vos que estejais sempre ligados ao amor e à sabedoria, porque é comendo a sabedoria divina e bebendo o amor divino que tereis a vida eterna.

Paris, 26 de fevereiro de 1938

Notas

1. Cf. *O que é um filho de Deus?*, Col. Izvor n.° 240, cap. VI: «Jesus, sumo--sacerdote segundo a ordem de Melkhitsédek».

2. Cf. *La Balance cosmique – le nombre 2*, Col. Izvor n.° 237, cap. IX: «Le caducée d'Hermès – le serpent astral» e *A luz, espírito vivo*, Col. Izvor n.° 212, cap. IX: «O raio laser na vida espiritual».
3. Cf. *Les deux arbres du Paradis*, Œuvres complètes, t. 3, cap. IX: «Les deux arbres du Paradis: 1. Les axes Bélier-Balance et Taureau-Scorpion – 2. Le serpent de la Genèse».
4. Cf. *La pierre philosophale – des Évangiles aux traités alchimiques*, Col. Izvor n.° 241, cap. X: «La pierre philosophale, fruit d'une union mystique».
5. Cf. *Les fruits de l'Arbre de Vie – La tradition kabbalistique*, Œuvres complètes, t. 32, e *Do homem a Deus – séfiras e hierarquias angélicas*, Col. Izvor n.° 236.
6. Cf. *Poderes do pensamento*, Col. Izvor n.° 224, cap. IV: «Vida e circulação dos pensamentos».
7. Cf. *La pierre philosophale – des Évangiles aux traités alchimiques*, Col. Izvor n.° 241, cap. III: «Vous êtes le sel de la terre» e cap. IV: «Et si le sel perd sa saveur…».
8. Cf. *Nas fontes inalteráveis da alegria*, Col. Izvor n.° 242.
9. Cf. *«Au commencement était le Verbe» – commentaires des Évangiles»*, Œuvres complètes, t. 9, cap. I: «Au commencement était le Verbe…».
10. Cf. *Centros e corpos subtis – aura, plexo solar, centro Hara, chacras…*, Col. Izvor n.° 219, cap. III: «O plexo solar».
11. Cf. *O yoga da alimentação*, Col. Izvor n.° 204, cap. VIII: «Acerca da comunhão».

VI

Amor, sabedoria, verdade
(A boca, os ouvidos, os olhos)

Esta tarde, vou dizer-vos mais algumas palavras acerca dos olhos, dos ouvidos e da boca. Pensareis, certamente, que eu já vos falei bastante sobre o assunto… Sim, mas há ainda coisas interessantes a dizer sobre estes diferentes órgãos.

Todos os dias vós comeis pão, bebeis água ou vinho, respirais ar, e nunca ficais definitivamente saciados nem fartos de todos esses alimentos. Aqui, eu sou para vós como um cozinheiro: já vos dei um alimento líquido para a vossa boca, um alimento aéreo para os vossos ouvidos e, finalmente, um alimento etérico para os vossos olhos. Esta tarde… Pois bem, esta tarde a ementa será uma combinação de alimentos líquidos, aéreos e etéricos. Eu fui-vos revelando, sucessivamente, a letra A, o ditongo OU e a letra M. Agora, vamos ligar estes sons para pronunciar a palavra *Aoum*.

A é para os vossos olhos;
OU é para os vossos ouvidos;
M é para a vossa boca.

Numa conferência anterior, falei-vos da frase: *«Pedi e dar-vos-ão... Procurai e encontrareis... Batei e abrir-vos-ão...»* Estas prescrições parecem muito simples. Pedir, por exemplo… O que não pedimos nós? Temos pais, parentes, amigos, pessoas que nos são queridas, para as quais reclamamos a Deus, ao mundo invisível, à Natureza, aos anjos, tudo o que conseguimos imaginar. Mas, apesar da nossa insistência, não recebemos aquilo que pedimos, e então ficamos desiludidos e concluímos que o mundo invisível é muito injusto para connosco. Quantas vezes temos nós pedido sem obter resultados! Porquê? Muito simplesmente porque não conhecemos as leis. Quando queremos comprar uma coisa numa loja, dirigimo-nos ao vendedor, é claro, mas também temos de lhe dar qualquer coisa em troca de tudo o que lhe pedimos. Se não quisermos pagar, ele recusa-se a dar-nos seja o que for. Na Natureza, no mundo invisível, passa-se tudo como nas lojas do plano físico. O mundo invisível diz-vos: «Dai o vosso coração a Deus e Ele dar-vos-á tudo em troca.» Mas vós respondeis: «Não posso, já o dei a outros… Tenho mulher e filhos, uma amante adorável, e já não me sobra coração para dar.» É por isso que as vossas preces nunca são atendidas. Julgais que podeis obter sempre qualquer coisa sem nada dar em troca, mas isso é impossível. *«Pedi e dar-vos-ão»* implica que, em primeiro lugar, vós mesmos vos deis. Deveis dar uma parte da vossa atenção consciente, do vosso tempo, dos vossos esforços quotidianos, dos vossos pensamentos, dos vossos sentimentos, e então recebereis…

«Procurai e encontrareis»… Jesus também disse: *«Caminhai enquanto tendes a luz, para que as trevas não vos surpreendam; aquele que caminha nas trevas não sabe para onde vai.»* Por conseguinte, é necessário procurar enquanto há luz. Existe um grande número de cientistas e de filósofos que procuram Deus com sinceridade, mas fazem-no durante a noite. Querem ver o Sol, mas depois de ele se pôr… Então, como hão de encontrá-lo? Após algumas pesquisas, concluem que não há Sol na Natureza; dizem que esta afirmação foi confirmada por quarenta ou cinquenta anos de observações rigorosas, e declaram, às portas da morte: «Não encontrei o Sol.» O essencial da cultura atual é uma procura feita na escuridão. A própria vida dos homens está organizada de modo a decorrer durante a noite. Mas eu estou a falar sobretudo do ponto de vista simbólico. Se uma pessoa não encontrou o Sol (quer dizer, o sentido da vida) ao longo de muitos anos, isso significa que leva uma existência noturna e que se deita quando ele nasce, para não o ver.

«Batei e abrir-vos-ão.» Este preceito está ligado aos ouvidos. Vós conheceis a estrutura do ouvido. Os sons entram pelo canal auditivo e propagam-se por intermédio do tímpano e dos ossículos até ao ouvido interno. Se a frequência do som for demasiado fraca (infrassons) ou demasiado elevada (ultrassons), não ouvimos nada.

Ora, eu pretendo fazer-vos compreender como tudo na Natureza foi criado de uma maneira extraordinária. O órgão de Corti está construído com uma série de cordas com comprimentos diferentes, vibrando cada uma em ressonância com as ondas que têm a mesma frequência vibratória. Por todo o Universo, cada ser, cada objeto, entra em ressonância com as vibrações de Natureza idêntica às nossas. Por isso, se emitimos ondas de baixa frequência, recebemos ondas semelhantes. Se queremos que Deus nos oiça, devemos emitir ondas de frequência muito elevada, isto é, ter pensamentos e sentimentos puros, nobres, desinteressados. Se emitirmos sentimentos como o ódio, a inveja, a cólera, são outros seres, e não Deus, que nos ouvem, e, em resposta, recebemos as suas comunicações.

Têm-me dito muitas vezes: «Fiz pedidos ao mundo invisível, mas não deram qualquer resultado.» Ou então: «Orei ao Senhor, mas não sei se Ele irá responder-me.» Ou, por outras palavras: «Eu bati, mas ignoro se irão abrir-me a porta.» Então, eu pergunto: «Mas, o que é que pediu?» Um respondeu-me «a riqueza», outro «a glória», ou «uma linda mulher», etc... Então, evidentemente, nestes casos tereis de esperar muito tempo antes de o vosso desejo ser satisfeito, pois a administração do Alto recebe inúmeros pedidos desse género, está sobrecarregada, não pode satisfazê-los rapidamente.

Todos pedem dinheiro, mulheres, prazeres, poder, situações privilegiadas no mundo... Talvez tenhais de esperar por uma próxima encarnação para obter tudo isso que reclamais. Direis: «Então, o que é que devemos pedir?» Pedi e batei para obter aquilo que ninguém procura. Todos lutam para adquirir os mesmos bens no mundo; todos se precipitam sobre cada coisa boa de que se apercebem, e o mundo invisível está sobrecarregado com todas essas cobiças. Tudo isto que eu estou a dizer é simbólico, evidentemente, porque, seja o que for que lhe peçais, o mundo invisível pode sempre dar-vo-lo imediatamente, se assim o entender. Mas, mesmo assim, em vez de pedir sempre satisfações materiais, aconselho-vos a pedir a luz, o amor, a sabedoria, que vos permitirão ajudar os vossos amigos, aperfeiçoá-los, salvá-los; pedi força para cumprir a vontade de Deus, pedi a vinda à terra do seu Reino de paz, de amor e de vida eterna... Como tais pedidos são extremamente raros, o mundo invisível dirá: «Ora aqui está um ser que é diferente dos outros. Ocupemo-nos dele primeiro, vamos satisfazer o seu pedido.» Ao passo que a resposta do mundo invisível aos outros pedidos será: «Paciência, trataremos disso mais tarde.»

É claro que pode acontecer que os vossos pedidos sejam rapidamente atendidos, mas, muitas vezes, para vossa desgraça. Suponhamos que desejais uma mulher muito bonita e que ela vos é concedida; deixareis de poder viver tranquilos, porque essa linda mulher será como um jardim cheio de belas flores encantadoras, cujo perfume muitos gostarão de vir cheirar. E se, ainda por cima, essa mulher for superficial e frívola, e vós fordes fracos, ciumentos e desconfiados, bem podeis imaginar as complicações em que ireis estar metidos. A vossa mulher encantadora quererá ostentar a sua beleza para satisfazer a sua vaidade e isso será o começo da catástrofe, a entrada no inferno; pagareis muito caro o pouco de alegria que ela vos tiver trazido. Eu não tenho nada contra as mulheres bonitas, podeis crer; elas são um adorno na vida e, como tal, muito necessárias; a beleza é um atributo do próprio Criador.[1] As mulheres bonitas têm inspirado os pintores, os escultores, os poetas, os músicos... O que é triste é que, na maior parte das vezes, as pessoas lançam-se sobre a beleza para a devorar, em vez de a contemplarem à distância, e então, ao fim de algum tempo já não resta nada.

Aquele que quer obter rapidamente o que solicita deve pedir a sua própria liberdade e a dos outros. Quando alguém bate com insistência e exageradamente para obter apenas satisfações materiais, o mundo invisível fica inquieto e pensa: «Eis uma criança insensata que irá certamente chorar mais tarde, porque ignora as consequências daquilo que está a pedir», e não o satisfaz de imediato. Quem quiser obter rapidamente o que pede deve pedir a sua própria liberdade e a dos outros.

Gostaria de falar-vos agora acerca dos olhos, dos ouvidos e da boca, mas de um outro ponto de vista.

Comecemos por falar do olho. Como sabeis, o olho é um órgão quase esférico e ligeiramente convexo à frente; é formado por três membranas: a esclerótica, prolongada à frente pela córnea; a coroide, que, à frente, forma a íris; e a retina, cujo fundo representa um ponto, a mácula, onde se formam as imagens. Estas três membranas representam os três mundos: físico, astral e mental.

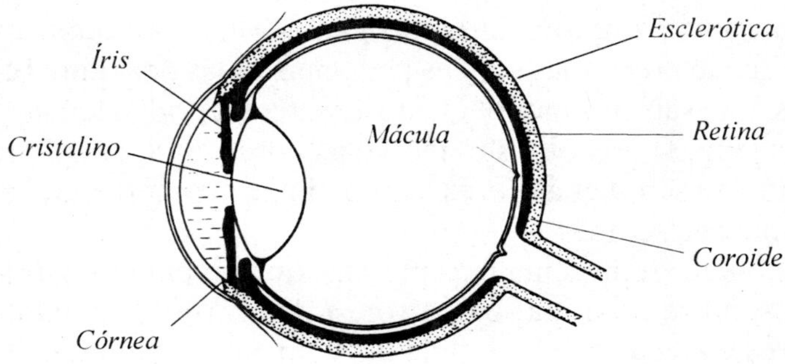

O que nos interessa neste momento são as células sensoriais da retina, que registam as sensações luminosas: os cones e os bastonetes.

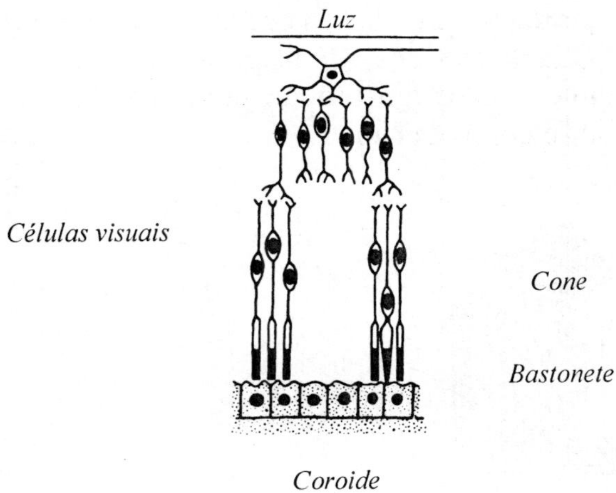

Os bastonetes são apenas sensíveis à intensidade dos raios luminosos, ao passo que os cones são sensíveis às cores. Já se observou que as aves noturnas (os mochos, as corujas) não têm cones na retina, apenas bastonetes. O mocho gosta muito de habitar em casas abandonadas ou em ruínas, onde se esconde debaixo das vigas dos tetos. O mocho está sob a influência de Saturno e, no seu caráter, encontramos as más qualidades deste planeta. Ele não gosta dos pirilampos que brilham na erva, nas noites de verão, e persegue-os…

O Cristo dizia: *«Por que razão vês a palha no olho do teu irmão e não reparas na trave que está no teu olho?»* Ou, por outras palavras: «Porque te preocupas com as pequenas faltas dos outros e não vês as tuas, que são enormes?» Quem vive na escuridão tem apenas bastonetes (vigas) nos olhos e não vê as cores. Ora, se olharmos para a Natureza sem ver as cores, não podemos compreender a sua beleza nem o seu sentido.

Os bastonetes representam as pessoas que vivem na escuridão, que estão sempre a criticar os outros, a destruí-los, enquanto os cones representam as que vivem na luz e no amor, seguindo as leis divinas.

Vós sabeis como é que, no passado, se construíam, e ainda hoje se construem, as cabanas: com algumas traves colocadas na horizontal e na vertical, e palha. A palha é aquilo que resta do trigo depois da ceifa, a parte que é eliminada. O trigo representa, por conseguinte, as virtudes, e a palha, os pequenos pecados que devem ser eliminados. Quanto às vigas, são os pecados capitais.

Esquematicamente, a casa é formada por um triângulo (o teto) e por um quadrado (o corpo da casa).

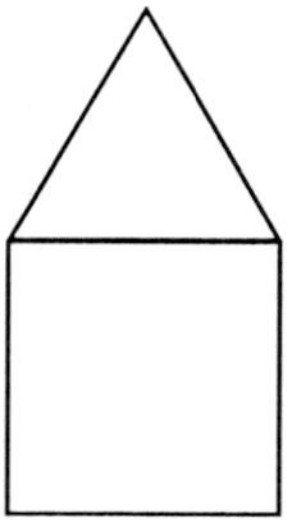

Eis aqui os dois símbolos que correspondem ao espírito e à matéria, ao Céu e à terra, pois 3 é o número dos princípio divinos e 4 o dos estados da matéria. O teto está em cima, as paredes em baixo; a casa representa o homem na sua totalidade, o 3 unido ao 4: o 7.[2]

A secção vertical do cone dá um triângulo; a secção transversal de uma trave dá um quadrado. O quadrado e o triângulo são os símbolos dos dois ensinamentos que constantemente se opõem no mundo: o ensinamento do espírito e o ensinamento da matéria, o ensinamento do amor, da sabedoria, da verdade, e o ensinamento do egoísmo, da dureza e da violência. Todos aqueles que querem impor-se aos outros por razões egoístas, pessoais, seguem o ensinamento da violência, o ensinamento das vigas. Pelo contrário, aqueles que querem esclarecer, iluminar, aquecer, curar, libertar e conduzir as almas para a fonte da vida, seguem o ensinamento dos cones. Estes dois ensinamentos – o dos bastonetes e o dos cones – existem desde a criação do mundo, estão inscritos na Natureza. Infelizmente, os humanos não aprofundam as lições que a Natureza lhes dá todos os dias, em toda a parte, nas mínimas coisas.

Jesus sabia perfeitamente que estava rodeado por pessoas que se serviam dos bastonetes, das traves. Eram os fariseus, os saduceus e os escribas, que queriam matá-lo por meio das forças terrestres. Quando quiseram crucificá-lo, disseram-lhe: «Já que assumes ser o Filho de Deus, vejamos o que vais fazer nestas duas traves em que vamos colocar-te.» E crucificaram-no em duas traves que formavam uma cruz. E o Cristo respondeu-lhes: «Vós conheceis a Cabala e servis-vos do número 4, que é o número da justiça. Se estiverdes a ser justos, muito bem, mas deveis saber o que vos espera se a lei considerar que não estais a ser justos.» Um símbolo age nos três mundos, e aquele que não é justo no mundo do pensamento sofrerá no mundo dos sentimentos e ficará preso no plano físico. Consideremos o número 4 nos três mundos:

♃ no mundo mental;
\+ no mundo astral (as duas correntes contrárias);
□ símbolo da limitação no plano físico.

4 é o número de Júpiter (♃), que se encontra na séfira *H̲éssed*, onde o Arcanjo *Tsadkiel* (de *Tsédek*: Justiça, e *El*: Deus) reina sobre a ordem dos *Hachmalim*.[3] É por isso que, em muitos casos, os homens nascidos sob a influência de Júpiter se tornam juízes.

Os fariseus não compreenderam as palavras de Jesus, mas, mais tarde, depois da sua crucificação, cumpriu-se aquilo que ele tinha predito: quando o imperador Tito chegou e destruiu Jerusalém, mandou crucificar os chefes judeus. Cristo tinha-lhes dito: «Vós trabalhais com a violência, com as traves, e sofrereis as consequências disso.» Tudo aconteceu como ele tinha predito.

Ocupemo-nos agora dos cones. Eu já vos disse que os comprimentos de ondas das vibrações luminosas formam uma sequência contínua, que vai desde as frequências menos elevadas (o vermelho), e ainda menos elevadas (infravermelho), até às frequências mais elevadas (violeta), e ainda mais elevadas (ultravioleta), sequência essa que pode ser representada por um cone.*

Quando eu vos dizia para subirdes à montanha espiritual, referia-me à projeção do cone ⊙, o círculo com o ponto no centro. O cone representa uma espiral de luz. Os pequenos cones dos olhos representam as possibilidades espirituais (contidas no cone simbólico) de ver as coisas a partir de cima.

Todos os homens usam óculos interiormente: alguns têm óculos com lentes vermelhas, outros com lentes laranja, outros com lentes amarelas, ou verdes... O que significa isto?

Aqueles que têm lentes vermelhas gostam de beber, de comer e de viver nos prazeres, e, quando estão bem comidos e bem bebidos, sentem-se prontos para a guerra.

Aqueles que têm lentes cor de laranja são impelidos para o individualismo, o separatismo, pensam que devem agir e viver sós para se manifestarem como seres independentes.

Aqueles que usam lentes amarelas são seres que estudam, que refletem, que raciocinam e que procuram resolver intelectualmente todos os problemas.

Aqueles que usam lentes verdes têm tendência para pensar que tudo se pode resolver pela economia e pelas finanças, são os homens de negócios.

Aqueles que usam lentes azuis creem na necessidade de uma filosofia baseada na religião; eles trabalham para que a paz reine entre os homens e gostam da música, porque a música favorece a paz.

Os que usam lentes de cor anil pensam que foram escolhidos pela Providência para dirigir o mundo; são os reis e os sacerdotes. O anil é a cor da realeza e também do sacerdócio.

* Ver pág. 55 (capítulo III, «A verdade oculta nos olhos»).

Aqueles que usam lentes de cor violeta são os místicos, que vivem na adoração ao Senhor, na oração, na meditação e no jejum.

É possível misturar estas 7 cores ente si, produzindo-se dessa forma uma quantidade infinita de tons. Só o vermelho tem 40.000 tonalidades...

Cada cor diz respeito a um ponto de vista, a um domínio particular.[4] Mas nós devemos ser capazes de observar todos os aspetos da Natureza e da vida; desse modo, estamos no cone planificado: somos um bom olho que pode ver claramente as coisas, os nossos óculos têm lentes incolores, puras, transparentes. O ideal é ter todas as cores ao mesmo tempo, como os cones dos nossos olhos conseguem fazer, em vez de só distinguirmos o cinzento, como acontece com os bastonetes. Vós sabeis que todos os homens que tinham pontos de vista demasiado limitados, quer dizer, que distinguiam apenas uma cor, fizeram muitas vítimas, ao longo dos séculos. Quantos erros cometidos por falta de largueza de vista, quer pelos religiosos, pelos espiritualistas, quer pelos materialistas!

O homem deve libertar-se das conceções limitadas e colocar-se acima das divergências de opinião, quer dizer, olhar as coisas com lentes incolores. O Cristo disse: *«Bem-aventurados os puros de coração, pois eles verão Deus.»*[5] Os corações puros são também as lentes incolores. É o que nos ensina o cristalino do nosso olho. O cristalino não é amarelo, nem verde, nem azul, senão não poderíamos ver o esplendor da Natureza.

«Bem-aventurados os puros de coração, pois eles verão Deus»... Que relação existe entre o coração e o olho?... No coração, ocorre o mesmo fenómeno que no cristalino: é necessária uma acomodação. Se o cristalino for achatado, não se vê bem; e se o coração for "achatado", também não se vê bem. Quando não se ama, não se vê as magníficas qualidades dos outros nem as belezas da Natureza, e não só não se consegue vê-las como se está sempre a criticar e até a corrigir o Ser que tudo criou. Há imensas pessoas que se queixam de que a Natureza e a vida não estão bem feitas e afirmam que, se estivessem no lugar do Senhor, teriam feito as coisas de outra maneira, e muito melhor! Ficai a saber que, com esta atitude deplorável, nunca entrareis no reino dos mistérios, pois, contrariamente àquilo que em

geral se pensa, a Natureza está construída de um modo inexprimivelmente racional e sensato.

Deveis procurar nos outros apenas as suas qualidades. Dizei-me: o que ganhastes até agora procurando somente os seus defeitos?... Ficai a saber que, se focais o vosso pensamento nos defeitos dos outros, não só os amplificais neles, como os atraís para vós. Muito poucas pessoas têm consciência da extensão considerável dos estragos produzidos por este hábito de olhar sempre para o lado negativo dos seres e das coisas, sobretudo entre os civilizados, que consideram que saber criticar é uma grande qualidade. Muitas amizades e laços são quebrados graças a esta tendência para procurar os defeitos, para notar apenas aquilo que é mau, imoral, e para sentir tanto prazer em coscuvilhar a vida dos outros a fim de descobrir isso mesmo. O sábio vê os dois lados ao mesmo tempo: o bem e o mal; desta forma, pode evitar certos inconvenientes, diminuir o lado negativo e reforçar o lado positivo, a Natureza superior. Ele não é cego, não se deixa enganar, mas considera que a parte essencial dos seres e das coisas é o bem. Ao fixar a sua atenção no bem, ele atrai as suas forças e fá-las crescer em si mesmo e nos outros. É por isso que todos são atraídos para um tal ser: sentem que, junto dele, os germes da Natureza divina desabrocham e desenvolvem-se.

Talvez seja um prazer ver os defeitos dos outros, mas esse prazer tem graves consequências. Um homem que se deixa levar por ele é perigoso para quem o rodeia e, sobretudo, para si mesmo: está sempre descontente, dá grande amplitude às menores imperfeições, revolta-se contra tudo e contra todos. Mas, se tiver de dar a sua opinião sobre o que considera melhor, verificareis que as soluções que ele propõe são piores do que aquilo que ele critica. Na Bulgária, conta-se que, num passado longínquo, os ciganos pediram a Deus que suprimisse o inverno, pois este fazia-os sofrer muito. Deus atendeu esse pedido... Ao princípio, correu tudo bem, os ciganos estavam muito contentes; mas eis que, com a ausência do frio, os insetos, que assim já não morriam, começaram a proliferar, a crescer, e fizeram tantos estragos que os desgraçados dos ciganos suplicaram a Deus que voltasse a estabelecer o inverno... La Fontaine também escreveu uma fábula onde conta que um camponês achava que a Natureza tinha feito mal as coisas, porque o carvalho, que tem um tronco forte, dá bolotas pequeninas, enquanto um delgado caule suporta uma abóbora enorme. Mas, num dia em que apanhou com uma bolota na cara, compreendeu o que lhe teria acontecido se tivesse sido uma abóbora a cair-lhe em cima, de uma altura daquelas, e admitiu que a Natureza era, efetivamente, mais sábia do que ele.

Nós devemos fazer a ascensão da montanha espiritual, cujo símbolo é o cone, para aprendermos a olhar as coisas a partir do cume. Suponhamos que sois um sábio professor e que tendes um filho ainda pequeno que, por acaso, subiu a uma árvore... De repente, ele grita: «Pai, pai, estou a ver duas pessoas a caminho da nossa casa.» Vós perguntais: «Consegues perceber quem são? – Sim, são o tio e a tia... Trazem presentes...» A criança é mais pequena do que vós e não sabe nada, mas tem a possibilidade de ver o que vós não conseguis ver do lugar de onde vos encontrais. O que é que isto significa? Que certos filósofos adotaram um ponto de vista tão mau, que não podem ver nem compreender as coisas. Pelo contrário, há homens que não são instruídos, mas que se encontram num ponto de onde a sua visão pode descobrir as verdades escondidas dos olhos dos eruditos. Está escrito nos Evangelhos: *«Eu te dou graças, Pai, Senhor do céu e da terra, porque escondeste estas coisas dos sábios e dos inteligentes, e as revelaste às crianças.»* Porquê? Porque as crianças gostam muito de subir às rochas, às árvores. Também existem pessoas que não são eruditas, mas que compreendem a verdade, sentem-na. Eu, por exemplo, sou como uma criança de 12 anos, não tenho faculdades intelectuais tão formidáveis como as vossas, mas colocaram-me num cume de onde vejo muitas coisas.

O ponto de vista em que nos colocamos é, muitas vezes, mais importante do que a extensão das nossas capacidades. Se o nosso ponto de vista for muito inferior, apesar da nossa inteligência e do nosso saber, não poderemos observar corretamente as coisas de maneira a compreendê-las. Em contrapartida, o ponto de vista em que certos "ignorantes" se colocam permite-lhes ver os milagres da Natureza... Verificai, pois, qual é o vosso ponto de vista. Um bom ponto de vista vale mais do que todas as capacidades.[6]

A propósito disto, gostaria de falar-vos do perigo que existe no hábito de olhar tudo o que declina: o Sol a pôr-se, as folhas a caírem das árvores, etc... As pessoas admiram o pôr do Sol e dizem: «Que quadro admirável!», mas acham estúpido ir contemplar o seu nascer todos os dias. E no outono, quando as folhas caem, também acham esse espetáculo magnificamente melancólico, mas, quando vem a primavera e toda a Natureza desabrocha, ninguém sai para a admirar; só muito poucos vão observar o brotar dos rebentos. Isto significa que eles procuram Deus durante a noite. Com efeito, a Natureza tem dias e noites; até ao meio-dia, é o dia da Natureza; depois do meio-dia, é já a noite que se aproxima. Ide ver a Natureza durante o dia, quando ela está em estado de dar. Se quereis banhar-vos numa atmosfera pura e vivificante e recolher as riquezas que ela contém, saí de manhã, o mais cedo possível. É por isto que, no nosso Ensinamento, temos o hábito de ir assistir ao nascer do Sol na primavera.[7]

Digamos, agora, algumas palavras acerca dos ouvidos.

Os ouvidos representam a sabedoria; e são passivos, contrariamente aos olhos e à boca, que são alternadamente ativos e passivos. Vós conheceis a atividade da boca (sobretudo da língua!); quanto aos olhos, por vezes eles também podem ser muito ativos, para seduzir ou fulminar alguém. Os ouvidos, esses, nunca são ativos, exceto no que respeita à atenção, e mesmo nesse caso a sua atividade exerce-se de uma forma passiva, pois apenas recebem sons.

Eu vi pessoas que iam falar com o Mestre e que, em vez de o escutarem e de se instruírem junto dele, alardeavam os seus conhecimentos e citavam os numerosos livros que tinham lido. O Mestre ouvia-as sempre com uma paciência surpreendente e sorria docemente; em certos casos, nem sequer tinha hipótese de dizer uma única palavra. Ao fim de algum tempo, essas pessoas acabavam por compreender que só elas é que falavam e que, se continuassem assim, não aprenderiam absolutamente nada; então, por fim, calavam-se para deixar falar o Mestre. E qual não era o seu espanto ao aprenderem mais em poucos minutos junto dele do que ao longo de vários anos de estudos, simplesmente porque se tinham posto num estado de recetividade que lhes permitiu receberem o que emanava do Mestre.[8]

O discípulo deve aprender a entrar nesse estado a que chamamos "passivo", mas que, de maneira nenhuma, deve ser confundido com a preguiça ou com a inércia. Esse estado só é passivo aparentemente; na realidade, é o mais ativo que há. Muito poucas pessoas podem entrar neste estado; para o conseguir, são necessários uma grande disciplina e conhecimentos psicológicos. Aqueles que sabem criar esse estado em si próprios podem ouvir a voz da sua alma, que não é outra coisa senão a voz de Deus, mesmo no meio dos grandes bulícios da existência.

O estado passivo pode ser nocivo ou benéfico para nós, conforme as condições em que estamos colocados e as influências que nos rodeiam. Esse estado permite-nos atrair e absorver as influências boas ou más do meio, ao passo que o estado de atividade faz-nos projetar, irradiar, influenciar esse meio. Portanto, consoante as circunstâncias, devemos ser ativos e emissivos, ou recetivos.[9] Suponde que vos encontrais num meio onde se exercem influências maléficas; deveis ser emissivos, positivos, para não permitir que essas influências penetrem em vós. Pelo contrário, se as influências são benéficas, propícias, deveis tornar-vos recetivos, pois, de outro modo, não recebereis nada. Na presença de um criminoso, de uma pessoa má, deveis mostrar-vos ativos, positivos, emissivos, mas, na presença de um ser puro, nobre e bom, de um Iniciado, deveis ser recetivos. Infelizmente, muitas vezes fazeis o contrário e depois admirais-vos por sentir em vós tantas perturbações e tantas boas condições destruídas…

O órgão de Corti mostra-nos que, para ouvirmos e compreendermos os outros, devemos saber responder às vibrações, aos sentimentos e aos pensamentos que eles enviam, quer dizer, vibrar em sintonia com eles. Se não soubermos vibrar em sintonia com os grandes Mestres, não poderemos compreendê-los. Vibraremos com eles se conseguirmos deixar livres as cordas da nossa alma; nesse momento, seremos capazes de captar as vibrações mais subtis do Universo. Aquele que sabe escutar assim ouve, torna-se mais profundo e aproxima-se dos seres e dos elementos mais subtis que vibram na Criação.

Conta-se que um Mestre tinha um discípulo desejoso de aprender a primeira lição da Iniciação. O Mestre disse-lhe: «Vai a um cemitério e injuria os mortos: diz-lhes que são estúpidos, maus, etc., e depois vem transmitir-me o que eles te responderam.» O discípulo foi ao cemitério e injuriou os mortos, que permaneceram mudos. Voltou junto do Mestre e disse-lhe que os mortos não tinham respondido. O Mestre retorquiu: «Talvez não tenhas sabido fazer-te entender... Volta lá, mas desta vez diz-lhes exatamente o contrário, elogia-os!» O discípulo voltou ao cemitério, mas, mesmo perante os maiores elogios, os mortos permaneceram mudos. «Continuaram a não me responder!», disse ele, quando regressou. «Muito bem – respondeu o Mestre –, agora compreendeste a primeira lição da Iniciação: quando te insultarem, cala-te; quando te lisonjearem, cala-te também. Sê como os mortos, permanece surdo e mudo.» Eis uma grande lição.

A sabedoria é saber escutar a voz muito suave que fala em nós. Sabemos muito bem escutar a voz atroadora do estômago que clama bem alto a sua fome, ou a do sexo, que reclama uma vítima; mas, quando uma pequena voz nos diz: «Não faças isso!...», nós respondemos: «Está bem, cala-te!» Então, surge um terceiro professor... O primeiro professor, o Sol, instrui-nos por intermédio dos olhos, mostra-nos a verdade para tocar a nossa inteligência, mas nós dizemos: «Quem sabe se é, realmente, a verdade?... Talvez seja só aparência...» e continuamos a viver como antes. O segundo professor, Vénus, o amor, vem para tocar o nosso coração, mas também não o compreendemos. Quanto ao terceiro professor, todos o conhecem: é Saturno; ele vem equipado com um grande varapau (uma trave!) para nos dar algumas lições. Todas as lições da vida representam o terceiro professor. Aquele que compreende e ouve a sabedoria diretamente já não precisa de sofrer, mas aquele que não a ouve precisa que venham puxar-lhe as orelhas. Ora, porque é que se fala precisamente em "puxar as orelhas" àquele que não é sensato? De onde vem esta expressão? Para evitar os sofrimentos, os desgostos e a infelicidade que o terceiro instrutor traz sempre consigo, o único método é cada um puxar as orelhas a si próprio, todos os dias, dizendo: «Escuta bem!» Assim, pouco a pouco, tornar-nos-emos mais sábios. Pensareis que isto é uma criancice! Não é.

O terceiro instrutor vai vir agora à terra* e toda a gente verá como ele é severo, implacável: provoca uns abanões, espezinha os orgulhosos, faz desmoronar gigantescas construções que se julgava serem sólidas e altera as crenças e as opiniões mais firmes. As epidemias, as guerras, as fomes, as doenças, também representam o terceiro instrutor. Na realidade, ele não é mau, e até tem em mente uma ideia magnífica: conduzir as crianças rebeldes para uma boa compreensão, para o Pai Celeste, para a sua sabedoria e para o seu amor. É comum todos os avisos dos Iniciados, todos os bons conselhos dos sábios, não servirem para nada, mas, quando chega o terceiro instrutor com os seus varapaus, as crianças começam a compreender.

O mundo invisível já tem enviado muitos Mestres e Iniciados junto dos homens para os instruir, mas todos dizem: «Peço desculpa, mas estou ocupado, não tenho tempo para o escutar... Tenho mulher e filhos, negócios urgentes...» Exatamente como na parábola daquele homem rico que, querendo dar um banquete, mandou os criados convidarem todos os seus amigos. O primeiro disse: «Acabei de comprar uma junta de bois, tenho de ir experimentá-la no meu campo...» O segundo disse: «Conheci uma linda mulher e tenho que casar-me com ela hoje.» Todos estavam muito ocupados com coisas aparentemente importantes, mas que, na realidade, eram inúteis ou secundárias. Também vós estareis muitas vezes ocupados com futilidades que vos impedem de escutar aquilo que um Iniciado vos ensina.

Escutai agora algumas páginas da História da Bulgária. Ao longo dos séculos, o Céu foi enviando Iniciados à Bulgária. Há nove séculos, foram os Bogomilos, mas ninguém os ouviu, eles foram expulsos, perseguidos e massacrados. A Bulgária foi terrivelmente castigada por causa disso, pois os Iniciados representavam as luzes do nosso país e quiseram apagá-las. Os ladrões não entram onde houver luz, têm medo de ser vistos. Esperam que tudo esteja apagado e que os habitantes estejam a dormir, para entrarem nas casas. Acontece o mesmo com os países e com o próprio homem. Se apagais as luzes em vós mesmos (quer dizer, as virtudes), todos

* Esta conferência foi proferida em 1938 e o Mestre Omraam Mikhaël Aïvanhov fazia alusão à 2.ª Guerra Mundial.

os ladrões virão, interiormente, e atar-vos-ão de pés e mãos, isto é, a vossa liberdade e tudo aquilo que possuís de precioso ser-vos-á retirado. Os ladrões são as doenças, os sofrimentos, os pensamentos negativos, os desgostos, etc... Só a luz pode proteger-vos, pois ela é o verdadeiro guardião: ninguém pode aproximar-se sem ser visto... Por isso, depois de ter expulsado os Bogomilos e apagado as suas próprias luzes, a Bulgária foi vítima dos ladrões e, durante cinco séculos, viveu sob o domínio dos Turcos, houve milhares e milhares de cabeças cortadas e de homens enforcados. Até que, por fim, o mundo invisível disse: «Devolvamos a liberdade à Bulgária...» Na História de todos os povos houve momentos em que certos seres pregaram o ensinamento do amor e da luz, mas os homens não os escutaram e as catástrofes abateram-se sobre eles. Devemos ter presente que, onde quer que apaguemos a luz – em nós, no nosso organismo, no nosso país –, aparecerão os ladrões.

Antes da conferência, fizeram-me a seguinte pergunta: «Como é que podemos desenvolver a clarividência?»

A verdadeira clarividência é ser capaz de ver Deus em toda a Natureza[10], é conseguir ver a sabedoria, a razão, em tudo o que é superior. Alguns, e sábios até, queixaram-se de que procuraram Deus por toda a parte e não O encontraram. Evidentemente, se esperavam encontrá-l'O como uma pessoa, não tinham qualquer hipótese de O encontrar. Deus é a verdade, a sabedoria, o amor, a beleza, e, se os nossos olhos não estiverem fechados, se eles não estiverem cheios de traves, podemos vê-l'O. Se O procurarmos durante a noite, teremos sempre traves nos olhos; precisamos de ter cones, e não apenas nos olhos, mas também na alma.

Na Bulgária, havia uma clarividente chamada Cortez; ela conhecia o Mestre e era uma clarividente absolutamente notável, que sabia ver o passado e o futuro. Quando andava na rua, ocorria-lhe a ideia de mandar parar um determinado transeunte e falar com ele, repreendendo-o. Havia sempre uma multidão em torno dela. Nessa época, eu era demasiado jovem para compreender, mas a minha mãe assistiu a uma quantidade de cenas semelhantes àquela que vou contar-vos. Um dia, Cortez fez parar um homem que seguia com duas crianças e disse-lhe: «Espera! São teus filhos, não são? – Sim –

respondeu o homem, um tanto aborrecido. – E eles são mudos? – São, sim. – E sabes porque é que eles são mudos? – Não, – disse o homem –, não sei. – Pois eu sei. Antes de estas crianças nascerem, tu cometeste crimes, roubaste. Um dia, roubaste umas ovelhas. Para as levares contigo, tinhas de passar por um lugar onde não querias que ninguém as ouvisse, e como tinhas medo dos seus balidos, cortaste-lhes a língua. É por isso que os teus filhos nasceram mudos. Deves reparar agora esse erro e pedir ao Céu que te perdoe.» E a clarividente explicou ao homem que ele devia comprar bois e dá-los à pessoa a quem tinha roubado no passado, porque, se não o fizesse, seria novamente castigado. O homem seguiu o conselho da clarividente e os filhos recuperaram a fala.

Nós podemos desenvolver a clarividência, mas nunca antes de termos adquirido a pureza. O Cristo disse: *«Bem-aventurados os puros de coração, pois eles verão Deus.»* Aquele que não é puro pode tornar-se clarividente, mas não será o mundo divino que ele verá: verá monstros à sua volta e nos outros; verá que os homens são muitas vezes falsos amigos, que a traição e a mentira estão escondidas no fundo do seu coração, verá as catástrofes que se preparam. Por outras palavras, só poderá ver aquilo que estiver no nível que ele próprio atingiu e pouco mais. É por esta razão que o melhor método para obter a clarividência é desenvolver em si mesmo o amor espiritual e a pureza.[11]

Eu sei muito bem que se ensinam muitos outros métodos: olhar fixamente para os cristais e os espelhos mágicos, utilizar certas plantas que se desenvolvem no México ou noutras regiões, ser hipnotizado, etc... Mas todos esses métodos são maus ou perigosos e eu não vo-los aconselho. Porque é que as pessoas procuram sempre adquirir grandes poderes mágicos, faculdades de adivinhação, quando são ainda fracas, coléricas, invejosas, avarentas, passionais ou mesquinhas? Os seres do mundo invisível não gostam de ser observados nem incomodados nos seus trabalhos por intrusos que não são dignos disso. Alguns gostam dos humanos e acolhem-nos favoravelmente, mas os outros são-lhes hostis e perseguem aqueles que querem entrar à força na sua região por razões mais ou menos dúbias. Os intrusos atraem sempre a animosidade dos seres do invisível.

Por quererem ganhar dinheiro ou ter a glória de passar por um clarividente, um Iniciado ou um mago, muitos ocultistas acabam a sua vida de uma maneira lamentável, pois não sabem defender-se dos ataques dos seres que irritam com a sua intromissão no além. Estes ataques começam por tomar a forma de desejos antinaturais ou perversos, e depois outras formas que podem ir até à loucura. Os seres do invisível já fizeram muitas vítimas. Os livros de literatura oculta têm sido demasiado difundidos no mundo, e isso é muito grave, pois assim alimentam-se as entidades inferiores e dão-se aos homens armas para dominarem os outros. Esta literatura divulgou meios e métodos para penetrar em regiões desconhecidas, para entrar em comunicação com os seus habitantes, e assim fez recair desgraças de toda a espécie sobre os seus adeptos. Nos anais da ciência esotérica, está escrito que já desapareceram várias humanidades por causa de práticas diabólicas, de magia negra. Está-se a preparar uma catástrofe idêntica para a Terra, por causa dos propósitos inferiores que animam os homens. O destino da Atlântida repetir-se-á nos nossos dias, mas sob uma outra forma. Outrora, foi a água que fez perecer esse continente; agora, o executor será o fogo, nas suas múltiplas formas.

Em vez de se instruir os humanos nos métodos do passado, agora é necessário conduzi-los para uma nova compreensão e para novos métodos. Não desperteis as imagens antigas, não levanteis as velhas poeiras do mundo subterrâneo, senão desencadeareis forças que estão adormecidas e que provocarão as mesmas catástrofes que provocaram no passado. Não é por se fazer pesquisas arqueológicas nos túmulos, nem por se escrever volumes e volumes sobre a ciência prodigiosa do passado, nem por se incomodar as aranhas e os escorpiões nas criptas, que se dará uma nova cultura à humanidade. A ignorância dos investigadores sobre estas questões faz com que eles, sem o saberem, desencadeiem forças fluídicas com um poder muito grande. Uma vez libertas, essas forças propagam-se, penetram nos cérebros e nos espíritos fracos, fazem-nos reviver no passado e repetir os erros que nele foram cometidos. Eu não sou contra as investigações científicas, mas as pesquisas dos arqueólogos não podem ensinar-nos grande coisa. Existem métodos para conhecer o espírito das civilizações antigas desaparecidas que não são o de as estudar a partir dos seus escombros, dos seus restos dispersos. Mas os homens que ignoram esses métodos têm de recorrer a meios imperfeitos, e esses meios, em vez de os informarem corretamente, despistam-nos ainda mais. Existe um mundo subterrâneo onde toda a ciência está preservada, desde tempos imemoriais; aí se encontram todos os arquivos da humanidade, e os verdadeiros discípulos não têm necessidade de ir remexer os escombros para conhecer o passado dos homens.

Um verdadeiro Mestre dirá: «Deixai de lado o que já está morto, poeirento, bolorento, enterrado! Ocupai-vos daquilo que é vivo, luminoso…» Todos os dias o Sol é novo, a Natureza é nova. Tudo o que já está em ruínas prova, pelo seu próprio estado, que não contém a verdade. O que é verídico não pode ser destruído e o tempo não tem qualquer poder sobre ele. Os séculos, os milénios, não têm qualquer poder sobre o que é eterno e que nós procuramos. Aquilo que é verídico existe perante nós, à nossa volta, em nós. Se compreendermos as novas correntes que se manifestam todos os dias no mundo e que nos vivificam, abandonaremos muitas ilusões pretensamente científicas.

Mas, voltando ao adquirir da clarividência, repito-vos que é mais razoável trabalhar primeiro sobre si mesmo e purificar-se, porque, quando estivermos transformados, a clarividência total surgirá por si mesma e independentemente da nossa vontade… Quando Deus dá, dá abundantemente.

No sábado passado, quando eu vos falei da boca, disse-vos que as folhas das árvores têm pequenas bocas, os estômatos, graças aos quais se realizam as trocas com o meio exterior. Graças à clorofila, à xantofila e à carotina contidas nas folhas, e sob a ação da luz, a seiva bruta proveniente das raízes transforma-se em seiva elaborada. É o que se passa também na nossa boca, onde as glândulas segregam substâncias comparáveis à clorofila, à xantofila e à carotina. Quando comemos num estado interior de luz e de calor, quer dizer, quando dirigimos os nosso pensamentos e o nosso amor para os alimentos que estamos a comer, estes transformam-se; ao invés, se mastigarmos sem pensar naquilo que estamos a fazer, sem amor pelo Criador que nos deu esse alimento, não se produz qualquer modificação espiritual, e absorvemos apenas a matéria bruta e preparada quimicamente. Se comerdes como toda agente, no meio do barulho, da desordem e da agitação, só conhecereis os processos físicos e químicos da nutrição. Mas se comerdes em silêncio, com amor e reconhecimento, já entrareis no domínio da alquimia, da sublimação.[12]

O mesmo se passa em todas as coisas da vida, até no trabalho, nos estudos que fazemos. Se não damos atenção, se não temos amor por aquilo que aprendemos, o nosso estudo não terá grande proveito. Suponhamos agora que a vida nos traz um ser que nos irrita (do ponto de vista espiritual, é uma matéria bruta); nós queixamo-nos dele, e a nossa boca, simbolicamente falando, não pode absorvê-lo; mas, se tivermos em nós esse calor que é o amor e essa força que é a luz, as nossas glândulas espirituais funcionarão e esse homem acabará por ser-nos suportável, já não perturbará o nosso estado psíquico. Se, pelo contrário, persistirmos em querer dirigi-lo sem a luz e sem o calor, ele enfraquecer-nos-á, esgotar-nos-á. Com o calor e a luz, podemos modificar tudo aquilo que chega até nós no estado bruto: alimentos, seres humanos, influências, objetos, etc... Enquanto não estivermos cheios de luz e de calor, a nossa boca espiritual achará esses corpos brutos detestáveis, mas graças ao calor e à luz poderemos transformá-los.

Observando a Natureza, nós vemos que as plantas comem os minerais, que os animais comem as plantas, que os homens comem os animais... Então, surge uma pergunta: por quem é que os homens são comidos?... Os homens são o alimento dos Anjos. Sim, talvez nunca tenhais pensado nisso. Bem, não somos verdadeiramente comidos pelos Anjos, mas eles alimentam-se dos nossos frutos, isto é, dos nossos pensamentos e dos nossos sentimentos, exatamente como nós comemos os produtos dos animais: leite, mel, ovos, manteiga... Mas, se não lhes preparamos os alimentos convenientes, eles já não vêm ter connosco para se alimentar e, até, se os nossos frutos forem maus, serão outros Anjos, os Anjos do mal, que virão alimentar-se de nós.

Quando o Cristo anunciou os acontecimentos terríveis que iam ocorrer, um dos seus discípulos perguntou-lhe em que locais eles se produziriam, e o Cristo respondeu: *«Onde estiverem os cadáveres, aí estarão os abutres.»* É exatamente a lei de que acabo de falar-vos.

Se tiverdes em vós cadáveres (sentimentos em putrefação, pensamentos em estado de decomposição), eles serão um alimento para os abutres, para os seres inferiores do invisível.[13] Direis: «Mas como é que os seres inferiores sentem esses sentimentos e esses pensamentos?» Quando tendes mel no vosso quarto, como é que as formigas fazem para se aperceber do mel e vir comê-lo? Como é que elas o cheiram? As formigas têm antenas, foram elas as primeiras inventoras dos aparelhos de rádio. As formigas vêm do planeta Vénus, tal como as abelhas; elas são excecionais na Natureza... Mas, se a vossa casa estiver cheia de formigas, não vos atormenteis, pois, apesar da sua pequenez, elas inspiram o maior terror às serpentes. Portanto, onde há formigas, não há serpentes. Se tivermos formigas em nós, as serpentes fugirão perante elas. Se conseguirdes interpretar este símbolo, eu ficarei muito feliz por vós.

As abelhas, essas, gostam muito das flores; elas representam os bons discípulos ocupados a preparar o néctar para os Anjos que vêm visitar a nossa alma e recolher o alimento que nós preparamos, para o transformarem em mel. Deus diz que as orações dos santos sobem até Ele como um perfume. Esse perfume é um alimento para o Senhor. Por enquanto, não podeis compreender muito bem isto, mas, mais tarde, conseguireis aperceber-vos de que, no Universo, tudo está subtilmente ligado.

Vou dizer-vos mais algumas palavras acerca dos olhos, dos ouvidos e da boca. Nós recebemos a luz pelos olhos e o som pelos ouvidos. Que relação extraordinária existe entre os olhos e os ouvidos! Se estudardes como a luz se propaga no Universo, constatareis que ela atravessa livremente o vazio, que atravessa menos facilmente o ar, ainda menos facilmente a água, onde é obrigada a refratar-se e na qual se reflete parcialmente, e ainda menos facilmente os sólidos. Quanto ao som, é o inverso: não se propaga no vazio, propaga-se um pouco no ar, um pouco mais na água, e é através dos sólidos que se propaga melhor. Por conseguinte, em relação aos meios em que se propagam, a luz é o inverso do som. A luz desce das regiões subtis para as regiões cada vez mais densas, até atingir a matéria sólida. Neste percurso, ela propaga-se com uma dificuldade crescente. Em contrapartida, o som parte da matéria e eleva-se, diminuindo de intensidade até se perder no vazio.

Antes do som (a palavra), que é poderoso no mundo da matéria, existia a luz, que é poderosa no mundo do espírito. É por isso que os ouvidos e os olhos estão construídos segundo leis diferentes, uma relativa à sabedoria e outra relativa à verdade. A luz ilumina as formas e as cores, que revelam a beleza, e a beleza é a expressão da verdade, que formou os olhos. O som (a palavra) está ligado ao ouvido, o ouvido, à sabedoria, e a sabedoria, à boca, pois é a boca que pronuncia as palavras. A boca, os ouvidos e os olhos formam um triângulo. São possíveis múltiplas combinações entre eles. Os olhos contemplam, os ouvidos ouvem e a boca relata o que os olhos viram e o que os ouvidos ouviram. Aqui está, oculto, o segredo das relações íntimas entre as três virtudes: o amor, a sabedoria e a verdade.

Agora, vou explicar-vos mais um exercício. De manhã, quando acordais, deveis abrir os olhos de imediato, conscientemente, olhar para o vosso olho interior e depois ouvir aquilo que fala em vós. Ouvireis, então, o programa para o dia que começa. A vossa boca deve participar igualmente neste exercício, para que os três vértices do triângulo entrem em ação, e deveis pronunciar a seguinte frase: «Eu Te agradeço, ó meu Deus, porque hoje estou de boa saúde. Que o meu dia seja abençoado! Ajuda-me, para que eu possa realizar a tua vontade.»

Em geral, as primeiras palavras que as pessoas pronunciam ao acordar são queixumes. O marido diz à mulher: «Onde puseste a minha camisa? Onde estão as minhas meias e os meus botões de punho?... Porque é que ainda não me trouxeste o café?» Logo que acordam, começam a resmungar, o que é um péssimo hábito.

Era uma vez um rei que tinha duas filhas. A primeira era extremamente feia, mas tinha o dom da palavra e sabia exprimir coisas magníficas e deliciosas; a segunda era extremamente bela, mas tinha má-língua e não parava de ofender toda a gente. O pai estava numa situação muito difícil e, perante os reis seus vizinhos, sentia uma certa vergonha por ter tais filhas. Evidentemente, ele interrogava-se sobre como havia de casá-las. Um dia, consultou um sábio a esse respeito. «Majestade – disse o sábio –, amanhã de manhã envia um mensageiro à cidade com ordem de trazer os dois primeiros homens que encontrar. Casarás esses homens com as tuas filhas.» No dia seguinte, tal como o sábio lhe dissera, o rei enviou um mensageiro que deteve os dois primeiros transeuntes que encontrou. Quando os levou para o palácio, o rei ficou perplexo, pois um era cego e o outro era surdo. Consultou novamente o sábio, que lhe disse: «Mas isso é perfeito: casas o cego com a que é feia e o surdo com a que é bonita.» E o rei assim fez. O cego, que escutava maravilhado as belas palavras que a sua esposa pronunciava, lamentava-se por não ver a beleza do seu rosto, que imaginava ser tanta como a das suas palavras. Quanto ao surdo, que admirava o belo rosto da sua mulher, lamentava-se por não poder ouvir as palavras suaves que, evidentemente, ela devia pronunciar ... Mas o que teria acontecido se o cego pudesse ver e o surdo pudesse ouvir?

Por vezes, é bom que sejamos um pouco míopes ou surdos, quando estamos perante coisas desagradáveis. Aliás, de modo geral, os homens não gostam da verdade. O marido diz à mulher: «Diz-me que me amas... Eu sei muito bem que isso é falso, mas diz, mesmo assim, pois dá-me prazer ouvir.» Ele também diz: «Tu não és lá muito bonita, eu sei, mas pinta-te um pouco, porque dá-me gosto ver-te pintada.» Não, os homens não gostam da verdade. No entanto, quando vemos os nossos olhos num espelho, devemos agradecer e ligar-nos imediatamente à verdade. Quando escutamos com os nossos ouvidos, devemos ligar-nos à sabedoria. Quando saboreamos com a boca, devemos ligar-nos ao amor. Assim realizamos um triângulo vivo. Os sábios podem conhecer-nos a partir desse triângulo: consoante a forma da nossa boca, dos nossos ouvidos e dos nossos olhos, consoante o seu tamanho, consoante a sua posição em relação à posição normal, o sábio pode conhecer exatamente as nossas relações com o amor, a sabedoria e a verdade.

Nós sabemos que temos dois olhos, dois ouvidos e uma boca, mas, na realidade, temos três olhos, três ouvidos e três bocas. O terceiro olho, o olho místico, está situado no centro da testa; o terceiro ouvido está situado na garganta; a segunda boca encontra-se no alto da cabeça, é o *chakra* das mil pétalas.[14] Com esta boca superior, nós podemos falar e comer nas regiões espirituais; é esse centro que absorve, que ora e que se alimenta no mundo divino. Hoje não vou falar-vos da terceira boca... O nosso planeta também tem órgãos semelhantes aos nossos. A sua boca superior são as altas montanhas.

A terra está em comunicação com o Céu, por intermédio dos cumes mais elevados.

Liguemo-nos ao amor, à sabedoria e à verdade.
Pela boca, saborearemos o amor divino.
Pelos ouvidos, escutaremos a sabedoria divina.
Pelos olhos, veremos a verdade divina.

Paris, 5 de março de 1938

Notas

1. Cf. *«Connais-toi toi-même» – Jnani yoga*, Œuvres complètes, t.18, cap. I: «La beauté».
2. Cf. *La pierre philosophale – des Évangiles aux traités alchimiques*, Col. Izvor n.° 241, cap. IX: «Le travail alchimique: le 3 au-dessus du 4».
3. Cf. *Do homem a Deus – séfiras e hierarquias angélicas*, Col. Izvor n.° 236, cap. III: «As hierarquias angélicas».
4. Cf. *Les splendeurs de Tiphéreth – le soleil dans la pratique spirituelle*, Œuvres complètes, t. 10, cap. XI: «Les esprits des 7 lumières».
5. Cf. *Os mistérios de Iésod – os fundamentos da vida espiritual*, Obras completas, t. 7, Parte II, cap. 10: «Bem-aventurados os puros de coração...».
6. Cf. *«Em espírito e em verdade»*, Col. Izvor n.° 235, cap. I: «A estrutura do universo».
7. Cf. *Les splendeurs de Tiphéreth – le soleil dans la pratique spirituelle*, Œuvres complètes, t. 10.
8. Cf. *O que é um Mestre espiritual?*, Col. Izvor n.° 207, cap. VIII: «O discípulo perante o Mestre».
9. Cf. *L'amour et la sexualité*, Œuvres complètes, t. 15, cap. XVII: «Le vide et le plein: la coupe du Graal» e *Acerca do invisível*, Col. Izvor n.° 228, cap. III: «O acesso ao mundo invisível: de Iésod a Tiphéreth» e cap. IV: «A clarividência: atividade e recetividade».
10. Cf. *La foi qui transporte les montagnes*, Col. Izvor n° 238, chap. XII: «Dieu dans la création».
11. Cf. *Acerca do invisível*, Col. Izvor n.° 228, cap. VI: «Amai e os vossos olhos abrir-se-ão» e cap. IX: «Os graus superiores da clarividência».
12. Cf. *A via do silêncio*, Col. Izvor n.° 229, cap. IV: «Um exercício: comer em silêncio».
13. Cf. *Les puissances de la vie*, Œuvres complètes, t. 5, cap. VII: «Les indésirables».
14. Cf. *Centros e corpos subtis – aura, plexo solar, centro Hara, chacras...*, Col. Izvor n.° 219, cap. VI: «Os chacras».

VII

O Mestre da Fraternidade Branca Universal na Bulgária: Peter Deunov

Esta tarde, queria falar-vos do meu Mestre, Peter Deunov. Uma conferência é insuficiente para tudo o que há a dizer, mas procurarei ser tão simples e claro quanto possível e contar-vos factos, acontecimentos vividos, que vos permitirão, muito facilmente, ter uma ideia dele.

O Mestre Peter Deunov é um ser de uma espiritualidade muito elevada, que, durante toda a sua vida, deu um exemplo de pureza, de sabedoria, de inteligência. Há anos que se estabeleceu perto de Sófia, onde difunde o seu Ensinamento num lugar denominado Izgrev (que significa "nascer do Sol"). Aí, um grande número de discípulos habita em pequenas casas claras, rodeadas de jardins floridos, mas sem muros, de modo que todas aquelas habitações parecem agrupadas num mesmo parque.

Pela sua poderosa irradiação, pelas suas palavras e pelo seu exemplo, o Mestre realiza maravilhas à sua volta: vários milhares de homens e de mulheres búlgaros e estrangeiros tornaram-se seus discípulos. O seu Ensinamento, baseado nas leis harmoniosas da Natureza, apresenta numerosos métodos psicológicos e pedagógicos suscetíveis de melhorarem a vida de qualquer ser humano, e já foram editados 70 volumes de conferências estenografadas pelos discípulos.

No Ensinamento do Mestre, a música e os cânticos ocupam um lugar importante, pois a música é considerada como um meio poderoso para cada um se ligar às forças construtivas da Natureza e restabelecer o equilíbrio físico e psíquico. O Mestre compôs numerosos cânticos e criou uma espécie de dança rítmica, a paneurritmia, que pode ser executada por centenas de discípulos, que se movimentam formando um vasto círculo em torno de uma orquestra. A paneurritmia é dançada ao ar livre, de manhã, após o nascer do Sol. Ela exerce uma influência favorável no sistema nervoso. Todos os seus gestos, ainda que muito simples, são de uma grande beleza plástica e correspondem a uma profunda ciência da estrutura psíquica dos seres e das leis acústicas.[1] O Mestre indicou, igualmente, movimentos de ginástica que também são executados de manhã, de preferência antes da paneurritmia. Esses movimentos, que harmonizam todas as células, reforçam o organismo e melhoram a saúde.

O Mestre preconiza o jejum. Todos os discípulos jejuam, uma vez por semana, desde o almoço de quinta-feira até ao almoço de sexta-feira. Durante essas vinte e quatro horas, não comem qualquer alimento sólido, apenas bebem água quente, previamente fervida, que, ao facilitar a eliminação dos detritos, contribui também para a purificação. Aqueles que jejuam cinco, dez dias, ou mais, fazem-no seguindo os conselhos do Mestre e sob a sua orientação.

O Ensinamento do Mestre exclui o tabaco, o álcool e a carne. As refeições vegetarianas tomadas em conjunto levam os discípulos a apreciar, cada vez mais, o poder do comportamento fraternal.

No verão, a Fraternidade reúne-se à volta do Mestre nas montanhas de Rila, o lugar que ele escolheu para o acampamento, porque, geologicamente, são os cumes mais antigos do globo. Desde tempos imemoriais, os templos das mais altas Iniciações foram erguidos naqueles montes de Rila, mas determinados acontecimentos, que seria demasiado longo relatar, obrigaram os Iniciados a transportar esses templos para o Tibete. Portanto, durante várias semanas, a Fraternidade acampa perto dos sete lagos de Rila. Para chegar até lá, é preciso fazer uma longa marcha a pé... Imaginemos, se quiserdes, que estamos com os irmãos e irmãs que sobem para o acampamento. Acabamos de atravessar a floresta e, após sete horas de subida, chegamos ao primeiro lago, de onde vemos, num nível muito mais elevado, os limites, a pique, do acampamento. Lá em cima, alguns irmãos e irmãs já chegaram para preparar tudo para os outros: a água quente para as bebidas e os banhos, os fogos, as refeições e as tendas. Eles avistam o nosso grupo, fazem sinais de boas-vindas lá de cima e

O Mestre Peter Deunov, em 1938.

acolhem-nos com cânticos. Ecoam no ar marchas entusiásticas e é com um sentimento de imenso regozijo que subimos a última encosta que nos conduz ao acampamento…

Nos dias seguintes, vêm juntar-se a nós novos grupos de discípulos. Entre todos aqueles que ali vão, há jovens, mas também há idosos, que não hesitam em fazer aquela longa subida para irem revigorar-se e alegrar-se pelo contacto com o seu Mestre. De madrugada, quando todos ainda dormem profundamente nas tendas, ouvimos, de súbito, o som de um violino, que nos tira do sono com doçura, tocando a melodia do cântico: «Desperta, meu irmão, para veres o nascer do Sol.» Levantamo-nos, fazemos a nossa higiene, arranjamo-nos e depois, silenciosamente, subimos por um estreito caminho que conduz ao cume dito "da Oração", de onde veremos o nascer do Sol. A atmosfera é pura, a aurora começa a despontar.

É muito comovente ver aquela longa cadeia de irmãos e irmãs que sobem em silêncio. Chegados ao Cume da Oração, encontramo-nos sobre uma espécie de plataforma rochosa. Cada um escolhe um lugar, senta-se e concentra-se, esperando o nascer do Sol. Quando o Mestre chega, levantamo-nos para lhe desejar as boas-vindas, depois retomamos as nossas meditações e as nossas orações, procurando recolher as forças etéricas que jorram por toda a parte, no horizonte. Quando o Sol aparece, entoamos um cântico em sua honra e uma enorme alegria enche as nossas almas. Toda a Natureza – os rochedos, as árvores, as ribeiras, os lagos – vibra em uníssono com a força de vida que o Sol projeta. Fazemos orações em conjunto, elevando as nossas almas para Deus. A oração é melhor recebida quando é feita no ar puro dos cumes com um cérebro desperto e um coração cheio de alegria. Após os cânticos e as orações, o Mestre faz uma conferência que mostra ao discípulo a beleza da vida sensata, a grande sabedoria oculta nas menores coisas da Natureza e o ideal que cada um deve realizar: ser um obreiro do Céu, um condutor da vida divina.

Quando a conferência termina, regressamos todos ao acampamento. Aí, fazemos exercícios respiratórios, também indicados pelo Mestre e que se destinam a desenvolver as nossas qualidades físicas e psíquicas. Em seguida, fazemos em conjunto os exercícios de ginástica, depois dançamos a paneurritmia num vasto prado que se situa junto de um outro lago. Várias centenas de discípulos dançam e cantam, desenhando um vasto círculo, no centro do qual se encontram a orquestra e o Mestre. O Mestre tem agora 74 anos, mas ultrapassa todos os seus discípulos em beleza, vigor e leveza. Os seus gestos são ágeis e harmoniosos, e emana dele um esplendor que todos sentem necessariamente. A sua presença no centro do círculo dá um impulso a todos os discípulos. Quando termina a paneurritmia, voltamos para o acampamento. Então, cada um é livre de tomar o pequeno-almoço, passear ou trabalhar, conforme os seus gostos.

Ao meio dia, juntamo-nos novamente e formamos um grande círculo no centro do acampamento. Alguns discípulos, que se revezam para assegurar diariamente a preparação das refeições, cozidas em enormes caldeirões e grandes panelas, distribuem os alimentos. Comemos em silêncio, com alegria e recolhimento. Quando termina a refeição, ficamos livres de novo. Na parte da tarde, o Mestre faz uma conferência ou, por vezes, leva-nos a visitar outros cumes da cadeia de Rila. Acontece-nos caminhar 14 horas num só dia, mas, graças ao método que o Mestre nos deu para caminharmos durante muito tempo sem nos fatigarmos, nunca ficamos esgotados.

À noite, depois da refeição, acende-se uma grande fogueira no centro do acampamento. Sentamo-nos à sua volta, oramos, depois cantamos em coro cânticos compostos pelo Mestre. O nosso desejo é que ele desça do cimo do acampamento, onde está instalada a sua tenda, e venha para o meio de nós, que estamos diante do braseiro. À noite, cantamos com ardor, olhando, de vez em quando, para a tenda do Mestre, na esperança de ver aí aparecer o sinal luminoso que nos indicará que o nosso desejo é satisfeito. De súbito, o sinal brilha, a nossa alegria é imensa, e entoamos o cântico que tem o nome de «Saudação ao Mestre»: «Ó Senhor, Tu que és o meu Mestre, conduz-me a seguir os teus passos...» O sinal luminoso, erguido por um irmão, movimenta-se na noite e desce, lentamente, o caminho que vai ter ao fogo do acampamento. O Mestre chega, finalmente, perto do nosso círculo, que se abre, para lhe dar um lugar diante do fogo, e que se fecha atrás dele. Os cânticos são retomados... A noite azul, plena de estrelas, parece participar com o seu silêncio e a sua grandeza nas emoções místicas que estamos a viver. Após os cânticos, alguns irmãos e irmãs recitam versos, tocam violino ou guitarra... Perto das dez horas, o Mestre levanta-se para recitarmos uma oração em conjunto. Agradecemos pelas bênçãos recebidas naquele dia, depois separamo-nos e entramos nas nossas tendas para dormir.

Alguns ficam ainda sentados perto do fogo que se vai extinguindo, para contemplarem o céu estrelado e os reflexos da Lua na superfície tranquila do lago.[2] Uma paz maravilhosa desce sobre eles, que se sentem em perfeita união com o Universo, e a sua vida ganha um sentido extraordinário que eles nunca esquecerão. Depois, quando todos já dormem no acampamento, eles regressam finalmente às suas tendas, para dormir, até que o violino os acorde, de madrugada, para recomeçarem um novo dia na luz.

Durante estas estadas na montanha, o Mestre levou-nos muitas vezes em grupo, ao cimo do Mussala em tempos de chuva ou de neve, pondo assim à prova a nossa resistência e a nossa fé. A tempestade desencadeava-se à nossa volta; as rochas e o solo, eletrizados, libertavam ondas difíceis de suportar. A água caía abundantemente sobre nós; saíam chispas dos nossos cabelos e das barbas de alguns irmãos. Nós avançávamos sem um queixume, guiados pelo Mestre sempre estoico e ágil. Como descrever as impressões que então sentíamos? Só aqueles que viveram horas de uma tal tensão física e moral podem compreender quanto elas temperam as almas e os espíritos...

Depois de um ou dois meses a viver esta vida, sentimo-nos transformados. Por isso, quando regressamos às cidades, para retomar os nossos trabalhos quotidianos, sabemos ajudar melhor as pessoas que nos cercam, com os nossos conselhos e com o nosso exemplo. Mostramos-lhes que todos os homens são capazes de viver de um modo diferente daquele que vivem e de criar o Reino de Deus na terra, se compreenderem que a boa vontade, o amor e a fraternidade são as bases fundamentais da existência.

O que é um Mestre espiritual?[3] É um ser que conseguiu controlar, dominar, os seus pensamentos, os seus sentimentos e os seus atos. Objetareis, talvez, que isso não é grande coisa... Na realidade, tudo reside nisso. Dominar os seus pensamentos, os seus sentimentos e os seus atos subentende métodos, uma disciplina especial, um saber profundo relativo à estrutura do ser humano, às forças que nele circulam, às correspondências que existem entre todo o seu ser (os seus órgãos e os diferentes corpos) e os diferentes domínios da Natureza. Ser mestre de si, senhor de si, supõe também que se conhece as entidades do mundo invisível e a estrutura de todo o Universo. Um Mestre é um ser que resolveu os problemas essenciais da vida, é livre, possui uma vontade forte, mas, acima de tudo, é pleno de amor, de bondade, de doçura e de luz. Para alguém se tornar um Mestre, quantos trabalhos, estudos e perseverança são necessários!

Evidentemente, podemos considerar que uma pessoa que nos ensina alguma coisa é, para nós, um mestre, e, assim, todos os homens têm um ou vários mestres. No Ocidente, chama-se "Mestre" aos advogados, aos professores, aos pintores, aos escritores… Está bem, muitas vezes esses seres têm talento, conhecimentos, mas muitos deles ainda não resolveram os grandes problemas da vida, não dominam o seu destino, não sabem como agir e, muitas vezes, trazem dentro de si desejos e paixões terríveis, que os atormentam e que eles são constrangidos a alimentar. Por isso, não são realmente Mestres, no sentido iniciático.

Os verdadeiros Mestres são poderosos, porque conseguiram harmonizar a sua filosofia e o seu comportamento. São os primeiros a pôr em prática, na sua vida pessoal, aquilo que ensinam. Eles são exemplos vivos…[4] E ser um exemplo vivo é ser uma fonte, como eu vos disse na minha primeira conferência, uma fonte que atrairá as plantas, os animais e os homens. É por isso que, à volta de um Mestre, existem discípulos. Na Bulgária, o Mestre Peter Deunov tem quarenta mil discípulos. Em todas as cidades se formaram fraternidades de seres que procuram viver segundo as regras do amor, da sabedoria e da verdade.

Quando estais a assistir a um concerto onde toca um grande virtuoso, sois tomados pelas mais profundas emoções e gostaríeis de vos tornar como ele. Um pintor ou um poeta também cria em vós esse estado. Um verdadeiro Mestre, tal como os artistas, age sobre a alma dos outros com um poder inexprimível, porque vive a vida espiritual, como o verdadeiro poeta vive a poesia e o músico vive a música.[5] Ele traz consigo um mundo ao qual são sensíveis todos os que dele se aproximam. É extremamente precioso encontrar um Mestre assim, mas o que é ainda mais precioso é trabalhar para se tornar semelhante a ele.

A maior bênção para os homens é terem um Mestre que venha guiá-los, conduzi-los, iluminá-los. Infelizmente, é raro os homens escutarem-no. Quantos Mestres, no passado, não foram queimados e massacrados! E também quantos não tiveram de deixar o mundo, abandonando-o aos seus próprios sofrimentos!...

Há grandes desgraças a abaterem-se sobre a humanidade porque ela se recusou a escutar os grandes Mestres; troçou deles, ridicularizou-os e, por isso, agora já não tem guias seguros para lhe dizerem como sair das suas dificuldades.

Há dez séculos, nasceu na Bulgária um Ensinamento espiritual de elevada dimensão, que se propagou por quase toda a Europa; foi a corrente dos Bogomilos. Os Bogomilos eram extremamente puros e virtuosos, e estavam prontos a deixar-se martirizar e queimar para não terem de renunciar a viver segundo as regras do Evangelho; entre eles, havia Iniciados e grandes Magos que a multidão escutava e seguia. Mas os seres luminosos sempre incomodaram os homens de vistas curtas que querem viver na escuridão, na ignorância ou na cobiça. Os Bogomilos foram perseguidos. Muitos foram assassinados; outros deixaram a Bulgária e foram fixar-se, uns na Itália, outros em França, onde deram origem aos movimentos dos Cátaros, dos Albigenses, etc... Também houve alguns que se refugiaram na Alemanha e na Inglaterra, mas foi em França que se desenvolveu o maior movimento espiritual nascido sob a influência dos Bogomilos.

A Bulgária foi cruelmente punida pelos crimes que cometera contra os Bogomilos: durante cinco séculos, teve de sofrer o domínio dos Turcos: milhares de pessoas foram decapitadas, enforcadas ou submetidas a uma escravatura indescritível.

Hoje em dia, já não existem praticamente perseguições religiosas, mas, como os seres puros e santos fazem sobressair, por contraste, a cobiça, a vaidade e a maldade daqueles que os rodeiam, atraem fatalmente a sua animosidade; e se, nesse domínio, os governos e as Igrejas já não podem cometer injustiças, alguns indivíduos que, por vezes, ocupam cargos oficiais elevados, fazem uso dos poderes que lhes são conferidos pelas suas funções para defenderem os seus interesses particulares, mesmo à custa dos interesses da sua pátria e da sua religião. Infelizmente, tais comportamentos não são raros. Assim como, outrora, a pureza de costumes dos Albigenses punha em evidência, sem eles o saberem, os propósitos puramente materiais dos papas e do clero, na nossa época a vida dos verdadeiros Mestres faz notar o que há de demasiado humano na atitude de certos cristãos e de certos padres, que se assumem como herdeiros de todos os bens espirituais prometidos pelo Cristo, embora vivam, muitas vezes, menos honestamente do que muitos ateus. Por isso, esses seres puros encontram no seu caminho, fatalmente, homens obstinados em destruí-los.

Quando o Mestre começou a trabalhar na Bulgária, foi com este obstáculo que começou por esbarrar. Ele trazia a nova vida, mostrando aos homens quão afastados estavam do verdadeiro ensinamento do Cristo. Evidentemente, isso não agradava aos sacerdotes da Igreja ortodoxa, que conseguiram fazer com que o governo obrigasse o Mestre a sair de Sófia. Foi enviado em exílio para Varna, onde eu habitava. Isto passou-se no fim do ano de 1917.

Este exílio do Mestre em Varna foi para mim um feliz acontecimento, pois foi graças a isso que o conheci e que a minha vida foi definitivamente orientada. O Mestre passou vários meses na nossa cidade, onde depressa ficou rodeado de seres inteligentes e dedicados, que lhe manifestavam uma grande afeição.

Não posso relatar-vos aqui, em detalhe, as saídas que fazíamos de manhã, ao nascer do Sol, pelas colinas de Varna. Não podereis imaginar a beleza das cores da manhã e o esplendor do Sol nascendo por cima do Mar Negro. Quantas vezes eu fiquei sentado junto do Mestre, sob as carícias do Sol! Saíamos do corpo e ele conduzia-me pelo planos invisíveis, para eu aí aprender as realidades do mundo espiritual. Mas estes são acontecimentos muito preciosos da minha vida íntima e penso que não é o momento de vos falar deles.

Após vários meses passados em Varna, o Mestre foi chamado novamente para Sófia. Quando se ataca um ser puro, toda a maldade que se lhe envia é repelida pela sua aura luminosa e o mal recai sobre quem o enviou. O Salmo 91 diz:

«Que mil caiam ao teu lado
E dez mil à tua direita,
Tu não serás atingido.
Com os teus olhos somente olharás
E verás a retribuição dos maldosos.
Porque Tu és o meu refúgio, ó Eterno.
Tu fazes do Altíssimo o teu retiro...»

Evidentemente, esta promessa só é válida para aquele que cumpre a vontade de Deus, que ama Deus com todo o seu coração, com toda a sua alma, com todo o seu pensamento, com toda a sua força, e que consegue sacrificar completamente a sua vida para a realização do Reino de Deus na terra.

Todos tendes o grande desejo de, um dia, encontrar um Mestre que vos revelará a verdade; mas também sabeis que isso é extremamente raro e alguns até estão convencidos de que os grandes Mestres se escondem algures no Tibete, na Índia, no Japão ou mesmo em África, mas que não estão na Europa. Nós somos, pois, extremamente privilegiados, na Bulgária, por termos junto de nós um Mestre com este valor. É imensa a nossa alegria por vivermos com um ser tão luminoso, cheio de amor e de bondade, por podermos ouvi-lo e vê-lo nos mais simples detalhes da vida quotidiana. É uma grande felicidade ter um Mestre capaz de responder a todas as questões mais obscuras sobre a existência da alma[6], dos outros mundos e dos seus habitantes[7], de explicar como o homem pode comunicar com as forças da Natureza[8], com os espíritos planetários[9], mas também como ele pode conservar ou restabelecer a sua saúde através da alimentação[10], dos exercícios de respiração[11], das abluções[12], etc...

Quando o Mestre se encontra no nosso centro de Izgrev (é aí que ele habita, no meio da Fraternidade), apercebemo-nos disso instantaneamente. Dir-se-ia mesmo que o ar vibra de outro modo. Todos os irmãos e irmãs se acotovelam à sua volta e há um rumor que se ouve de muito longe. Todos os dias, de manhã à noite, vêm pessoas visitar o Mestre, para lhe pedirem conselhos sobre problemas pessoais, e ele faz conferências três vezes por semana. A forma como o Mestre fala é surpreendente. Quando faz as suas conferências, nunca as lê, nem cita toda a espécie de autores, como a maior parte dos conferencistas. Deixa-se guiar pela inspiração e, como sente tudo o que preocupa aqueles que estão na sala, fala como que para responder às suas questões, a fim de os ajudar a resolver os seus problemas; à saída, muitos têm a impressão de que o Mestre falou para eles.

Muitas vezes, levei amigos a casa do Mestre para o conhecerem. Antes de entrarmos na sua casa, falávamos entre nós sobre toda a espécie de assuntos. Ora, quando chegávamos, o Mestre continuava a nossa conversa onde a tínhamos interrompido. Ele fazia perguntas precisas aos meus amigos sobre o que tinham dito há pouco e eles ficavam estupefactos. Isto aconteceu muitas vezes. Todos os discípulos do Mestre sabem que ele lê os pensamentos. Está entre vós uma irmã francesa que foi à Bulgária ver o Mestre e ficou surpreendida ao constatar que ele conhecia todos os detalhes da sua vida, os amigos que ela tinha em França, etc… Ela também ficou admirada com o seu rosto tão vivo e tão luminoso. Um dia, ela poderá contar--vos tudo o que viu e aprendeu na Fraternidade da Bulgária.

Que diferença existe entre os estudos que se faz na Universidade e os que se faz junto de um Mestre? Na Universidade, aprende-se tudo o que é exterior à vida e, após vários anos dedicados a esses estudos, as pessoas continuam idênticas ao que eram, com as mesmas fraquezas, os mesmos vícios. Evidentemente, talvez se tenham tornado sábias, distintas, célebres, aprenderam a manipular instrumentos, a fazer citações, a usar a sua língua e até a ganhar muito dinheiro, mas as suas possibilidades de deformar a mentalidade dos outros também aumentaram. Pelo contrário, aquele que estuda junto de um Mestre constata, depois de um certo tempo, uma profunda transformação em si mesmo: o seu discernimento, a sua força moral, as suas possibilidades de ação exterior e interior aumentaram.

Estudar na Universidade é analisar um fruto em laboratório, com a ajuda de todos os procedimentos físicos e químicos, é aprender quais são os elementos de que se compõem a pele, a polpa, as sementes, o sumo, sem nunca provar o fruto, sem nunca o ter estudado com a ajuda dos instrumentos naturais que Deus pôs à nossa disposição, sem sentir os seus efeitos. Junto de um Mestre, pelo contrário, não estudamos nada disso, mas comemos o fruto e, pouco depois, apercebemo-nos de que todos os sistemas do ser humano são ativados, vivificados, equilibrados: o cérebro, o coração, a vontade, etc... Com a ajuda de todas essas possibilidades, o discípulo de um tal Mestre pode lançar-se no estudo do grande livro da Natureza, descobre nesse livro os aspetos físicos, químicos, astronómicos, mais bem explicados do que nas obras dos universitários, e vê como eles estão ligados entre si.

Não penseis que eu sou hostil às Universidades. Fui estudante durante muitos anos e frequentei cursos com diferentes disciplinas. Quando obtive os diplomas de psicologia e de pedagogia, frequentei cursos de matemática, de física, de química. Diziam de mim, ironicamente, que eu era um eterno estudante. Mas, pouco depois, compreendi quanto tempo tinha perdido. Então, esqueci voluntariamente muitas coisas, por me ter apercebido de que elas eram como um véu estendido entre a realidade e a minha vida. É útil aprofundar certas disciplinas, cada uma delas revela-nos um aspeto do Universo e da vida, mas, pelo modo como se estuda atualmente, só se penetra no lado morto das coisas. Um dia, perceber-se-á que é preciso vivificar as ciências, isto é, encontrá-las em todos os domínios da Natureza. Será então que as fórmulas matemáticas, as formas e as propriedades geométricas nos falarão com uma outra linguagem, e descobriremos que os nossos pensamentos, os nossos sentimentos e os nossos atos são regidos pelas mesmas leis. É essa ciência que eu considero como a verdadeira ciência. Neste momento, conhece-se demasiado de astronomia, de anatomia, de matemática... sem ligar essas ciências entre si, sem as ligar à vida. Os conhecimentos estão todos dispersos, são incoerentes; por isso, as ciências não têm qualquer utilidade na nossa existência.

Compreendei-me bem, eu não tenho nada contra os conhecimentos ou contra os professores, mas quero conhecimentos que venham dos grandes Mestres, porque só eles compreenderam todo o valor de uma ciência da vida que traz a luz, a felicidade e a plenitude a todos os homens.

Eu aprendi junto do Mestre a arte de escutar aqueles que são capazes de me instruir. O aço colocado junto de um íman durante um certo tempo torna-se ele próprio um íman. Do mesmo modo, os discípulos que ficam junto do seu Mestre num estado de recetividade impregnam-se da sua força, do seu magnetismo, e podem, por sua vez, ajudar os outros. Perante os Iniciados, devemos estar atentos e ser recetivos, porque as menores advertências ou avisos que eles nos fazem pressagiam-nos acontecimentos futuros. Infelizmente, muitas vezes as suas palavras só nos vêm à memória depois de esses acontecimentos se terem dado.

Só no Oriente é que os humanos sabem ser recetivos em relação aos seres superiores. Os discípulos dos Mestres orientais são recetivos relativamente ao seu Mestre sem recearem perder a sua individualidade ou a sua liberdade. O medo de se tornar escravo do seu Mestre nunca existe na cabeça de um Oriental. Pelo contrário, ele está absolutamente convencido de que só desse modo encontrará a sua verdadeira individualidade, a sua independência. Quando eu falo da recetividade do discípulo em relação ao seu Mestre, não quero dizer que seja somente diante dos Iniciados que devemos estar recetivos; não, diante do Sol, das fontes, das ribeiras, das estrelas e de toda a Natureza, diante de tudo o que é belo e grande, também devemos estar recetivos; nesse momento, tornamo-nos capazes de compreender e de sentir o trabalho que esses seres superiores executam no mundo invisível.

Em quase todos os países da Europa, mas mais particularmente em França, cada um imagina que, criticando e desprezando tudo e todos, assumindo um ar superior de quem compreendeu tudo, manifestará a sua verdadeira individualidade. A forma como se manifesta atualmente a independência no Ocidente revela, simplesmente, a preguiça dos seres, que não querem fazer qualquer esforço para fugir às suas tendências inferiores, e a sua falta de psicologia, que os impede de ver as consequências dos seus atos.

É verdade que há poucos Mestres no Ocidente, porque o hábito generalizado de ridicularizar todas as coisas sagradas nos palcos dos teatros, nos cabarés ou na praça pública fez com que eles se afastassem quase por completo. O Ocidente está quase privado de Mestres e aqueles que ainda existem escondem-se para não serem perturbados. A maior parte daqueles que se apresentam como Mestres não só são incapazes de fazer o que quer que seja pelos outros, como nem sequer sabem sair dos atoleiros em que se enterraram.

Os Ocidentais creem demasiado na eficácia da palavra, estão convencidos de que longos discursos poderão conciliar tudo e não se preocupam nada com a realização, com os atos. Os Mestres também creem no poder da palavra, mas não falam muito, dizem apenas o essencial e preocupam-se, primeiro que tudo, em conciliar as suas palavras com os seus atos. O mundo ocidental saiu daquela profundidade interior onde reside a sabedoria e entrou no domínio superficial e frívolo onde se fazem discursos intermináveis. A maior parte das pessoas que encontrais dizem-vos muitas coisas exteriormente, mas nenhuma interiormente; debitam palavras que não perduram nada nas vossas almas. Os Iniciados, pelo contrário, falam-vos sobretudo interiormente; é por isso que, em toda a vossa existência, não podeis esquecer o que eles vos disseram.

Vou dar-vos um exemplo. Um estudante frequenta cursos dados por professores célebres e junto deles torna-se muito erudito. Mas, um dia, encontra um outro professor mais jovem, sem experiência, e nada célebre: uma jovem encantadora e pura. O estudante sente imediatamente que essa jovem lhe diz tantas coisas agradáveis, profundas, poéticas, que quer inscrever-se como aluno na sua escola e roga-lhe o favor de ser instruído por ela. Os sábios professores falavam-lhe de literatura, de biologia, de astronomia, mas as suas lições não produziam nele qualquer emoção e, por causa disso, ele não conseguia compreender o seu sentido profundo. A leitura dos mais belos textos deixava-o frio, mas agora é ele que escreve poemas magníficos... A astronomia aborrecia-o, mas agora ele é que tem necessidade de contemplar as estrelas, porque compara o seu brilho ao dos olhos da sua professora... Apesar dos cursos de higiene, muitas vezes ele andava mal lavado, mal barbeado e desleixado na sua "toilette"; agora – oh prodígio! –, está extraordinariamente limpo e com o nó da gravata bem feito, os cabelos bem penteados, as faces bem barbeadas e as roupas impecáveis. Os pais e os amigos estão estupefactos com isso. Antes, ele troçava da psicometria; não sentia nada e desprezava aqueles que se diziam sensíveis; agora, logo que recebe o menor pedacinho de papel da sua jovem professora, pousa-o sobre os seus olhos, a sua boca e o seu coração, para nele captar ondas misteriosas. Sente as coisas mais subtis e, para ele, o mundo invisível tornou-se uma realidade. Outrora, não acreditava na homeopatia, mas agora faz numerosas experiências com ela: a jovem professora só lhe dá doses infinitesimais, um pequeno piscar de olho, um ligeiro sorriso, um leve aperto de mão, e ele descobre neles os seus efeitos poderosos e maravilhosos.

O que é curioso é que essa jovem professora é uma jurista erudita. Com a sua atitude, ensina ao seu aluno a primeira lei da sua escola: «Não terás outra divindade!... Não amarás senão a mim e não olharás para nenhuma outra jovem professora da minha espécie...» Por vezes, a professora torna-se muito exigente, mas é sempre no interesse dos estudos empreendidos. O estudante crê que se tornou um cavaleiro que procura resgatar a princesa prisioneira do dragão – o pai da jovem, evidentemente, que o impede de estar com ela...

Se procurardes entender porque é que existem tantos seres apaixonados no mundo, responder-vos-ei que é, muito simplesmente, porque os velhos professores exageraram na importância e na eficácia das matérias que ensinam e nos seus métodos. Quando a Natureza racional, com os seus olhos vigilantes, viu as academias, as universidades e os seminários repletos de professores que, em nome da sua psicologia e da sua pedagogia insuficientes, pretendiam impor regras, leis e prescrições que não tinham qualquer relação com as suas nem com as condições normais e sensatas da vida, teve medo. Por isso, enviou à terra jovens professores dos dois sexos encarregues de se orientarem mutuamente para o amor e para o sacrifício.

Eu não quero dizer com isto que os jovens professores são muito sábios; não, eles são como aprendizes que fazem muitas asneiras e cometem numerosos erros, mas a questão não está aí. Também não tenho nada a censurar aos professores idosos. Ser idoso, simbolicamente, significa ser sábio; ser jovem significa ser o filho do amor; a juventude e a velhice são dois polos, duas expressões: uma do amor e a outra da sabedoria. Peço-vos que procureis compreender-me bem quando utilizo estes exemplos.

Muitos julgam as pessoas segundo a extensão dos seus conhecimentos e deixam para segundo plano as forças que elas transmitem, os impulsos que elas criam nos outros, a coragem de viver que elas sabem insuflar em quem as aborda. Assemelham-se àqueles que não têm qualquer consideração pelo pão, pela água, pelo ar... Contudo, a filosofia, a ciência e a arte não servem para nada, se nós não estivermos alimentados e vivos. Por conseguinte, o que importa, acima de tudo, é alimentar-se, estar vivo, e depois estudar filosofia e ciências, se se tiver gosto por elas e tempo para tal. Ora, nas Universidades ensina-se filosofia e ciência aos estudantes, mas não se lhes dá alimento. Por isso, eles têm pernas vacilantes, o coração vazio e nevoeiro diante dos olhos.[13] Estou a falar em termos simbólicos, evidentemente. Na escola dos grandes Iniciados, pelo contrário, alimenta-se bem os estudantes e, quando eles já estão fortes, robustos, dá-se-lhes uma charrua, explica-se-lhes como lavrar a terra e eles são postos a trabalhar. Quando falo aqui em terra, subentendo a terra que cada homem tem em si mesmo: a sua cabeça. Aqueles que sabem plantar boas sementes na sua própria terra comerão durante toda a sua vida, até ficarem saciados; os outros só verão nascer cardos, espinhos e silvas, que não só não serão úteis, como lhes farão mal a eles e aos outros.

Os professores, que só conhecem em detalhe os domínios exteriores ao homem, esqueceram-se de estudar a terra que Deus lhes deu, plantaram nela o que calhou, quando calhou e como calhou. Pelo contrário, os sábios, que estudam a sua própria terra e a cultivam com ciência, depois podem alimentar o mundo inteiro, graças aos frutos que colheram. É uma pequenina diferença, a que existe entre estes dois tipos de professores, mas são tão grandes as consequências que daí advêm! Foi esta pequena diferença que levou a humanidade a viver uma vida infernal, onde as pessoas se roubam, se enganam e se matam umas às outras.

Ficai a saber que, quando encontrais alguém que vos dá um grande desejo de viver e, depois de uma conversa com essa pessoa, vos sentis cheios de coragem e de esperança, isso é infinitamente mais precioso do que se tivésseis adquirido conhecimentos filosóficos, porque esses quase sempre vos secam e vos esgotam. De qualquer modo, quando estiverdes bem-dispostos, cheios de amor, de alegria e de entusiasmo, os conhecimentos virão por si mesmos. Garanto-vos que prefiro viver cada dia junto daqueles que me dão um impulso, o desejo de agir e o amor pelo que faço, do que junto daqueles que são tão sábios como enciclopédias, mas incapazes de despertar em mim a coragem e o entusiasmo.

Muita gente só aprecia as pessoas ricas, eruditas, gloriosas; acham estúpidos os seres cheios de amor, de bondade, de indulgência, e pensam que, se eles tivessem bom senso, mudariam de atitude. Esta opinião é extremamente errada! Se não existissem homens bons e puros na Terra, estaria tudo destruído há muito tempo. É graças a esses seres puros, aos Mestres, que o mundo subsiste: sem eles, tudo desapareceria. Quando vos relacionais com seres puros, nobres, elevados, sentis à sua volta energias que vos ajudam e vos dão luz. Se, pelo contrário, estiverdes em contacto com homens impuros, injustos e criminosos, sentireis que toda a espécie de infelicidades cairão em cima de vós. A sabedoria popular diz que, onde passa uma pessoa má, a erva não cresce. Com efeito, emanam dela vibrações e energias destrutivas. Atualmente, ainda não se reconhece o valor dos homens bons, honestos, virtuosos; mas virá o dia em que eles serão apreciados.

O que vou contar-vos passou-se em Varna, nos primeiros tempos em que conheci o Mestre e ia visitá-lo. Foi durante a Guerra dos Balcãs. Eu tinha 17 anos. Já tinha ido muitas vezes a casa do Mestre, mas, quando estamos junto dele, esquecemos sempre o tempo. Naquela noite, tínhamos conversado muito; eu atrasei-me e ultrapassei largamente a hora do recolher obrigatório. Naquela época, os polícias faziam rondas nas ruas, à noite, detinham os passantes atrasados e conduziam-nos ao posto da polícia. Ora, eu estava atrasado e, na esquina de uma rua, dois guardas a cavalo mandaram-me parar e perguntaram: «Onde vai a estas horas? – Vou para casa. – Bem, venha primeiro connosco.» E eu tive de segui-los. Caminhava pensando no Mestre e estava tão feliz com a nossa conversa que o facto de passar a noite na prisão me era indiferente… De repente, sem nenhuma razão, os guardas mudaram de atitude e disseram-me: «Vá-se embora, vá para casa… Vamos acompanhá-lo até ao fim do caminho para não ser detido por outros guardas, mas não volte a sair a estas horas.» Fiquei muito feliz com aquela mudança de atitude, mas no dia seguinte já tinha esquecido o incidente. Alguns dias mais tarde, voltei à casa do Mestre. Ele recebeu-me sorrindo e disse-me: «Como se passaram as coisas na outra noite? Os guardas foram simpáticos, não foram? – O quê? O Mestre sabe o que se passou? O que é que fez? – Eu disse aos guardas: deixem-no regressar tranquilamente a casa, é um bom discípulo.» Após este incidente, eu compreendi como é fácil para o Mestre falar assim no invisível. Aqueles que se interrogam sobre a realidade do pensamento – se ele pode viajar no espaço, se os cérebros humanos são capazes de o captar – poderão refletir sobre estes factos. O Mestre disse aos guardas: «É um bom discípulo, deixem-no», e a alma deles foi obediente, porque os apelos de um Mestre são ordens.

Às vezes, quando falávamos um com o outro, o Mestre olhava para o céu, onde observava as figuras desenhadas pelas nuvens. «Mikhaël, dizia-me, esta tarde vão chegar de Sófia três pessoas para estar comigo. – Como é que sabe isso, Mestre? – São as nuvens que o anunciam, respondia ele, elas vêm prevenir-me.» Em que linguagem, não sei, mas graças ao Mestre aprendi muitas coisas sobre esta questão. Ele explicou-me que, em função das nuvens que se vê por cima de uma cidade, podemos mesmo conhecer a qualidade das almas que nela habitam. No mundo invisível existem sinais de que os Iniciados se apercebem e que conseguem interpretar. Quando uma cidade é impura, está envolvida por emanações malsãs que as boas correntes já não podem atravessar e abatem-se desgraças sobre ela. Ocorre o mesmo fenómeno com a aura humana; se um ser é impuro, opaco, nada do que o mundo divino lhe envia pode penetrar no seu ser, e ele sofre.

No mundo invisível, qualquer homem é acompanhado por entidades e, se essas entidades são benéficas, preparam-lhe o caminho por todo o lado para onde ele vá; mas, se elas são maléficas, em lugar de prepararem tudo, opõem-se-lhe e causam dano a tudo o que ele empreender. Um verdadeiro rei é precedido, onde quer que vá, de servidores que preparam a sua vinda. Quando ele chega, está tudo pronto, porque ele é rei; mas o mendigo, isto é, quem é pobre em virtudes, não deve esperar ser bem acolhido onde for. O segredo da verdadeira vida é o de não procurar senão ser o rei de si mesmo, um rei que domina os seus pensamentos, os seus sentimentos e os seus atos. Todos temos dentro de nós um povo imenso que devemos saber governar. Mas falar-vos-ei sobre este assunto noutra ocasião.

Aquele que é realmente rei dos seus desejos e das suas tendências é sempre precedido por seres que lhe preparam todas as condições. Se quiserdes executar um trabalho sem vigiar os vossos pensamentos e os vossos sentimentos, estes destruirão os vossos projetos, porque entrarão nos cérebros dos vossos amigos e dos seres com quem vos relacionais e trabalharão contra vós. Refleti um pouco sobre isto e compreendereis que, se tendes adversários, fostes vós que os provocastes, fostes vós que os enviastes para o espaço, e agora eles lutam convosco através dos cérebros daqueles em quem entraram. Evidentemente, há exceções. Os seres de elite, os grandes Mestres que trabalham na evolução da humanidade, muitas vezes têm inimigos e são perseguidos porque os dois princípios, o bem e o mal, se manifestam e lutam incessantemente no mundo. Os que trabalham para a luz sabem que despertarão as forças das trevas, porque, ao quererem melhorar o mundo, tocarão nos interesses de indivíduos que não suportarão isso e procurarão ripostar por todos os meios. Eu já vos disse que foi isto que aconteceu também com o Mestre: a sua vida de sabedoria, o seu desapego e a sua retidão perturbaram os interesses de imensas pessoas. A luz é sempre temível para aqueles que vivem na escuridão, porque onde ela brilha eles serão vistos e reconhecidos.

Um dia, veio a minha casa um dos meus amigos que era ator e também discípulo do Mestre. Ele disse-me com uma voz trémula: «Irmão Mikhaël, imagina que veio a Varna um diretor de teatro que quer pôr em cena uma peça escrita contra o nosso Mestre. Como sabes, eu trabalho para a companhia do teatro e, portanto, serei obrigado a representar essa peça onde se ridiculariza o Mestre e a Fraternidade. O que é que posso fazer?...» Eu disse àquele amigo: «Está tranquilo. O mundo invisível é poderoso e conciliará tudo. Mas, se puderes, vai falar com esse diretor e explica-lhe que não deve pôr em cena a peça, porque não é permitido troçar de pessoas verdadeiramente santas, justas e boas. Diz-lhe que ele não conhece as leis: rir dos criminosos não é grave e, às vezes, até é útil, mas rir dos seres luminosos e puros é perigoso.»

Eu estava completamente tranquilo, certo de que aquela peça não seria representada. O meu amigo falou com o diretor, que o ouviu mas não teve em conta os seus conselhos, e os ensaios continuaram. A véspera do dia da representação da peça chegou, era o último ensaio… E eu vi o meu amigo chegar a correr, dizendo: «Irmão Mikhaël, não sabes o que se passou… Enquanto ensaiávamos, o diretor caiu no chão, por causa da rutura de uma artéria do pescoço; os médicos estão junto dele no palco, a tentar parar a hemorragia.» Eu respondi: «Não é grave, mas diz ao diretor que eu gostaria de falar com ele.» Ele aceitou receber-me e eu pedi para estar a sós com ele. A sua esposa não ficou contente, mas acabou por aceitar. Quando eu entrei no quarto, olhei-o com doçura. Ele estava visivelmente descontrolado. Tinha gelo na garganta, não se mexia, não podia falar e limitava-se a olhar para mim. Calmamente e com muito amor, eu disse-lhe: «O senhor pode curar-se, mas só se me prometer que não levará à cena esta peça. Há tantas outras! Porquê querer ganhar dinheiro com esta? Ao fazê-lo, está a agir contra aqueles que trazem algo de puro, de luminoso, ao mundo. O senhor está doente por querer que esta peça seja representada e não tem o direito de o fazer.» Então, expliquei-lhe algumas leis do mundo espiritual e o risco que ele corria. Como ele estava muito fraco, também estava mais recetivo; compreendeu e prometeu-me não levar a dita peça à cena. Fiquei contente e saí. No dia seguinte, o diretor estava curado. Mas, passados alguns dias, a esposa (que era atriz e atuava na peça) começou a troçar dele, a dizer que a promessa que ele fizera era estúpida, e que a sua cura não tinha qualquer relação com a promessa. Ele deixou-se convencer e decidiu retomar os ensaios. Mas, logo no primeiro, um acidente semelhante deitou-o por terra; então, ele compreendeu de facto e renunciou, definitivamente, a representar aquela peça. Por isso, os habitantes de Varna não tiveram o prazer de a ver.

Numa certa época, eu vivia com um dos meus amigos. Um dia, quando regressava a casa, ele disse-me que um ladrão tinha entrado na nossa casa, quando estávamos ausentes, e que roubara muitos objetos, entre os quais um rádio de T.S.F. e um relógio que me pertenciam. Eu refleti e disse ao meu amigo: «Não nos atormentemos. Se os objetos são verdadeiramente nossos, reaparecerão.» Porque eu tinha ouvido o Mestre dizer que, quando um ladrão vem furtar-nos objetos, muitas vezes é porque eles não nos pertencem e porque numa vida anterior agimos mal para com esse ladrão: ou lhe furtámos algumas coisas ou o impedimos de as adquirir. Só que, por vezes, os ladrões enganam-se; vêm procurar objetos que pensam que lhes pertencem, mas, na realidade, não lhes pertencem. Nos casos em que o ladrão se engana, a polícia do mundo invisível, que repara os erros, pode restituir-nos os objetos, mas, se o ladrão levou o que lhe era devido, já não o reavemos. Por isso, eu respondi ao meu amigo que, se os objetos fossem nossos, certamente iríamos reavê-los, mas, se não os recuperássemos, era porque eles não nos pertenciam e não devíamos lamentar-nos. O meu amigo era muito inteligente, mas, sobretudo, tinha muito espírito prático, e achou que o que eu estava a dizer não tinha sentido e que era preferível ir fazer queixa na polícia, onde indicou o nome dele e o meu.

Dois dias mais tarde, fui chamado à esquadra. Dirigi-me lá e o chefe da esquadra, ao ver-me, disse: «É um discípulo do Senhor Deunov, não é? – Sim, como é que percebeu isso?... – Pelo seu rosto. – Mas conhece o Mestre Deunov? – Sim, conheço-o e vou contar--lhe como.» E, esquecendo o ladrão, começou: «Que felicidade é ter um Mestre assim! Porque é que eu penso isto?... Vou dizer-lhe. Durante a guerra, eu encontrava-me na frente da Macedónia e o meu pai era governador de Varna. Nessa época, era muito difícil enviar cartas para a frente ou recebê-las de lá e o meu pai não tinha notícias minhas. Quando soube que o seu Mestre estava também em Varna, foi ter com ele, para lhe perguntar se podia dizer-lhe onde eu me encontrava. O Mestre fechou os olhos por um instante, para me procurar, e depois disse: «Agora, o seu filho está numa floresta com camaradas. Eles escondem-se, porque os aviões sobrevoam o bosque, lançando bombas, e têm medo, porque aquele local está muito exposto. Existe também água que corre junto deles... Agora caiu uma bomba no local onde eles se escondem... O seu filho está ferido, mas não foi atingido mortalmente. Será salvo, fique tranquilo. Posso garantir-lhe que ele não morrerá e que em breve regressará a Varna. Vá esperá-lo à estação em tal data (o Mestre precisou o dia e a hora). Ele chegará nesse dia e trará um peixe.» O meu pai ficou muito emocionado... No dia indicado pelo seu Mestre, foi esperar-me à estação com amigos e teve a alegria de me ver chegar. Depois disso, o meu pai levou-me a casa do Mestre, para ele estudar a minha cabeça (o Mestre é, com efeito, um frenólogo muito bom); não me lembro muito bem o que ele disse sobre o assunto, porque nessa época eu era indiferente a essas questões e incapaz de compreender o que o seu Mestre pudesse dizer...».

Após este relato, o comissário pediu-me mais informações sobre o roubo do qual o meu amigo e eu tínhamos sido vítimas... Prometeu-me fazer o necessário para encontrar o ladrão e eu voltei para casa. A única coisa que desejava encontrar era o meu relógio, porque era um relógio em prata que tinha pelo menos cinquenta anos (pertencera ao meu pai), mas todo o seu valor vinha de que a cada hora indicava a influência planetária atuante. Eu tinha preparado um mostrador astrológico com a ajuda de cálculos apropriados e bastava-me dar uma olhadela naquele mostrador para saber qual era a influência planetária no momento. Por isso, desejava recuperar o meu relógio. E recuperei-o. O ladrão era um jovem pobre. Tentei falar com ele para tocar o seu coração e, em seguida, pedi ao comissário para não o maltratar, dizendo que ele era uma vítima das condições sociais, que era pobre, tinha fome... Os meus argumentos não lhe pareceram muito convincentes, mas ele prometeu-me não o maltratar. Ao regressar a casa, eu disse ao meu amigo: «Vês, a polícia invisível fez bem o seu trabalho, descobriu que este roubo era um erro.» Ele abraçou-me com alegria, porque ele é que tinha perdido mais objetos.

Um dia, em Sófia, encontrei um escritor notável e célebre, que me disse: «Fale-me do seu Mestre. Eu conheço-o. Deve ser agora muito idoso... Conte-me o que ele faz. Quando ainda andava no liceu, fui com um camarada a sua casa, porque ouvimos dizer que ele era um grande frenólogo e queríamos conhecer o nosso futuro. Ele olhou-nos, sorrindo, e disse-me: «Tem uma saúde frágil, mas será um grande escritor.» Fiquei muito admirado porque, naquela época, eu queria ser negociante e não tinha o menor desejo de escrever. E ao meu colega que, pelo contrário, desejava ser escritor, ele disse que, mais tarde, seria comerciante, o que, evidentemente o deixou bastante descontente. Todas as previsões que ele nos fez se realizaram. Apresente os meus respeitosos cumprimentos ao seu Mestre, pois tenho uma grande estima por ele.»

Quando acampávamos na montanha, junto dos sete lagos de Rila, por vezes o Mestre dava-nos alguns exercícios para fazer. Não posso descrevê-los todos e limitar-me-ei a mencionar-vos um, que pode parecer bizarro e que não podemos compreender se não conhecermos algumas leis da ciência iniciática. O Mestre dizia-nos: «Ide ao lago, retirai dele água e derramai-a sobre as pedras grandes que estão perto da margem. Fazei isso dez vezes seguidas.» Nós íamos fazê-lo com grande alegria, porque sabíamos que todas as tarefas que o Mestre nos atribuía tinham uma utilidade e um sentido.

Nós estamos ligados a todos os reinos da Natureza e, em particular, ao dos minerais, mas só os Iniciados podem aperceber-se dessas ligações. Estamos ligados a pedras ou a plantas que talvez estejam na América ou na Austrália e, se alguém as desloca, as estraga ou as corta, os seres que estão ligados a elas sofrem. E o mesmo se passa com os animais: ao matá-los para os comer, sem termos consciência disso, fazemos sofrer muitos seres e até podemos causar a sua morte. Eu tinha um amigo na Bulgária que possuía um jardim magnífico, com toda a espécie de plantas e de árvores de fruto. Um dia, decidiu cortar um grupo de árvores para poder construir uma casa naquele terreno. Ora, um dos seus amigos tinha uma predileção por uma pereira que iria ser cortada e que dava frutos magníficos; ele estava ligado àquela árvore por um afeto muito forte, aliás sem compreender porquê. Quando soube que iam cortar a árvore de que ele gostava, suplicou ao amigo que não o fizesse, mas não conseguiu convencê-lo e a pereira foi cortada com as outras árvores. Pouco tempo depois, o amigo ficou gravemente doente e morreu.

Eu gostava de dispor de mais tempo para vos dar outros exemplos, pois são numerosos. Quanto ao exercício que o Mestre nos deu para fazer, estou certo de que ele permitia que os seres ligados às pedras sobre as quais nós espalhávamos a água do lago recebessem ajuda sem terem a menor ideia de onde ela vinha. Talvez, nesse momento, se sentissem curados ou vivificados. Eu acredito nisso, porque estas leis são reais. Aqui, eu estou apenas a abrir uma pequena janela. Meditai sobre as ligações que existem entre nós e os diferentes reinos da Natureza.

Na Fraternidade de Sófia, tínhamos uma irmã belga que possuía um cão enorme. Quando o cão ladrava, fazia tremer toda a gente; não era mau, mas assustava. Um dia, o Mestre disse-nos: «Olhem para este cão! Aquele que está ligado a ele foi, no passado, na Atlântida, um grande mago negro, que fez muito mal. Vede como as leis são implacáveis. Esse mago está agora num cão.» Para verificar isso, os irmãos desenharam figuras mágicas no solo, diante do cão, e este, com efeito, teve reações extraordinárias; comportou-se como se quisesse manifestar todos os poderes que possuía outrora.

Dado que falámos no lago, vou contar-vos um outro facto extraordinário que não posso explicar. Houve um ano em estávamos nas montanhas de Rila com um amigo músico; eu tinha levado também o meu violino e, quando à noite o céu estava belo, tocávamos e cantávamos. Uma noite, o meu amigo estava a tocar uma melodia magnífica de Wieniavski: "A lenda". Estávamos perto de um lago muito belo, onde alguns turistas, certamente atraídos pelos sons do violino, em breve vieram juntar-se a nós. Uns sentaram-se na relva para falar connosco e outros, em maior número, foram lavar os pés no lago. Eu e o meu amigo nunca fazíamos isso. De manhã e à noite, retirávamos água e íamos lavar-nos na relva. Nos lagos das montanhas, vivem seres muito puros, sensíveis e muito elevados, e, se nós não somos atenciosos para com eles, irritamo-los. Eles apenas apreciam os discípulos que compreendem o lado vivo da Natureza e o respeitam. Eu dizia-vos, pois, que, enquanto nós conversávamos com algumas dessas pessoas, as outras foram lavar os pés no lago. Passado algum tempo, foram todos embora.

Ora, no dia seguinte, quando eu e o meu amigo voltámos junto do lago, ele tinha desaparecido… Sim, o lago tinha desaparecido, só existia uma extensão de pedras secas. Esfregámos os olhos, completamente aturdidos, e entrámos no que tinha sido o lago para ver se havia um buraco, uma fissura por onde a água pudesse ter desaparecido, mas não encontrámos nada e parecia que o lago estava completamente seco há meses. O que se tinha passado? Ficámos durante muito tempo a refletir e só encontrámos uma explicação possível: a imundice ou a maldade de certos turistas que se lavaram no lago foram a causa do seu desaparecimento; seres invisíveis da Natureza tinham-no transportado para outro lugar. Podereis objetar que é impossível, que a ciência não admite tais explicações… Talvez, mas a ciência não estudou tudo, ignora muitas coisas e não sabe interpretar muitas outras. E acreditai que eu não estou a inventar nada. Estou a falar para vós e perante o mundo invisível, que me escuta e que sabe que eu vos digo a verdade. Quanto à interpretação que dou daquele fenómeno, podeis não acreditar nela. Mas o que é verdade é que o homem, pelas suas maldades, pode perturbar a Natureza. Por certo já lestes nos contos que alguns seres, por toda a parte onde passavam, destruíam a vegetação e faziam adoecer os animais e até os homens. Na sua presença, toda a vida normal cessava, só havia catástrofes e desolação… Seres assim não existem só nos contos, ainda os há atualmente, e é a maior das maldições para uma família, para uma sociedade ou para uma nação ter no seu seio esses portadores de influências nefastas.

Há alguns anos, os jornais falaram de um artista célebre, que possuía um poder extraordinário no olhar. Era um dos melhores cantores de ópera da Europa. Desempenhava um papel em que devia maldizer a sua amante. Na primeira representação, ele incarnou o seu papel com tanta convicção e tanto calor que, quando amaldiçoou a cantora, o olhar que lhe lançou fê-la cair sem sentidos. Quando a levantaram, estava morta. O cantor talvez suspeitasse de que existia uma relação entre a maldição e a morte da cantora, porque na representação seguinte decidiu não olhar para aquela que ele maldizia e levantar os olhos para o teto. Mas desta vez, quando o artista gritou a maldição, viu-se cair no meio do palco o corpo de um maquinista para quem o cantor tinha olhado. A representação foi de novo interrompida, no meio da agitação que podeis imaginar. Ainda assim, ninguém viu a ligação entre o acidente e a maldição; mas o infeliz cantor, que tinha consciência disso, na vez seguinte, decidiu olhar para um camarote que sabia que devia ficar vazio durante toda a representação. O sarau decorreu sem incidentes. Contudo, após a representação, foi encontrada no camarote uma condessa morta, caída no fundo: ela tinha chegado muito atrasada, e, vendo aquele camarote vazio, entrou nele para não incomodar ninguém. O diretor do teatro, chocado por tantos acidentes mortais, proibiu a representação daquela ópera.[14]

O Mestre contou-nos que vira, nos Estados Unidos, uma jovem que tinha um poder magnético extraordinário. Várias pessoas seguravam com força um grosso tronco de madeira que se entortava quando ela passava somente a mão por cima... Quando ela passava a mão uma segunda vez, este partia-se em pedacinhos.

Muitos outros factos revelam também, em menor dimensão, a influência dos seres. Percebeu-se que as abelhas desapareciam da sua colmeia quando estavam por perto ladrões ou criminosos. As abelhas são extremamente sensíveis às emanações dos seres perversos e fugiam para outros lugares, para os evitar. Será um bom trabalho para os cientistas futuros pesquisarem como estes insetos tão pequenos são capazes de distinguir os ladrões e os mentirosos das pessoas honestas.

Mas vou contar-vos ainda uma outra história. Há muitos, muitos anos, fui, com um amigo, passar algum tempo junto de um lago chamado "o Altar". Ficámos três semanas perto do lago para meditar, estudar, tocar violino, cantar... O Mestre ensinara-nos que, nas montanhas, vivem seres muito elevados que ficam descontentes se alguém destruir a atmosfera pura na qual eles estão mergulhados. Por isso, prestávamos muita atenção aos nossos pensamentos, aos nossos sentimentos e a toda a nossa atitude. Passámos três semanas com um tempo esplêndido, e era um verdadeiro milagre porque, no cume onde estávamos, o tempo é extremamente variável. Depois daquelas três semanas, apareceram as nuvens e o céu escurecia cada vez mais. Toda a Natureza queria dizer-nos: «Basta, devem partir, porque temos um outro trabalho para fazer.» Ora, nós não tínhamos tenda e a chuva já começava a cair. Então, veio-nos à ideia pronunciar algumas palavras para ver se a Natureza nos ouviria, e dissemos: «Vós, que sois nossos amigos, ouvi-nos! Não estamos prontos para partir, dai-nos tempo para arrumarmos a bagagem.» Para nosso espanto, a chuva parou imediatamente: juntámos tudo o que tínhamos levado e fechámos os sacos. Ficou tudo pronto. Estávamos contentes com a acalmia que nos tinha sido concedida e pensámos: «Talvez não vá chover, foram só algumas gotas... Podíamos continuar aqui...» Mal tínhamos formulado este pensamento, a chuva começou a cair com uma violência extraordinária. Partimos imediatamente; estava muito frio, e tivemos de caminhar durante seis horas sob a tempestade. A Natureza está cheia de seres inteligentes, bons e poderosos, que nos puniam por termos tido a intenção de ficar, apesar dos seus avisos… Pensai o que quiserdes sobre esta história.

A influência que os seres podem ter uns sobre os outros ou sobre as coisas manifesta-se de todas as maneiras. Por exemplo: tendes um amigo muito puro, inocente e límpido como um lago de montanha, e lançais nele as vossas impurezas… Dito de outra forma, lavais os pés na água pura desse lago. Muito poucos seres param para refletir antes de agir. É necessário um grande desenvolvimento interior para não se lançarem com avidez, cobiça e gulodice sobre uma alma bela e pura! Não é de espantar que depois haja deceções, separações e desgostos. Muito poucas pessoas sabem respeitar uma bela alma para em cada dia poderem sentir, através dela, inspirações, impulsos, e ter ocasiões para se alegrar, para criar. No entanto, somos mil vezes mais recompensados por protegermos uma alma do que por nos apressarmos a sujá-la e a fazê-la desaparecer. Muitas tragédias provêm de uma má compreensão desta questão.

A beleza e a pureza podem fazer-nos felizes e até ressuscitar-nos, se soubermos contemplá-las sem as manchar. Os humanos enganam-se ao acreditarem que o mundo da beleza pode ser possuído. Nunca ninguém pôde agarrar a beleza; assim que alguém se aproxima dela para lhe tocar, ela afasta-se e desaparece.[15] A beleza é um mundo feito exclusivamente para os olhos; não é destinada à boca nem às mãos. A beleza gosta de ser olhada, mas sem ser tocada.

Bem-aventurados aqueles que podem compreender e aplicar estas grandes regras relativas à beleza, porque a alegria, a felicidade e a paz dependem do respeito que temos pela beleza e pela pureza. Explicar-vos-ei noutra ocasião a medida, a distância, a dose, as proporções, que é preciso conhecer. Devemos estar muito atentos aos seres belos e puros, porque, com a nossa atitude, podemos afastar entidades que habitam neles, e, se elas se afastarem, nós também sofreremos e toda a inspiração desaparecerá. Quem contempla a beleza todos os dias, canta e vive.

Tenho um amigo, na Bulgária, que é professor e historiador. É uma pessoa muito sincera e um dia disse-me isto: «Irmão Mikhaël, há uma coisa que eu gostava de te contar. Guardei-a preciosamente dentro de mim durante muito tempo, mas gostaria de a confiar a ti. Como sabes, eu tive mulher e um filho, tive riquezas, mas perdi tudo. Durante anos, a minha vida foi uma sucessão de provações que me fizeram sofrer muito e eu não conseguia compreender por que razão o destino se acirrava assim contra mim. Num dia em que eu estava em grande sofrimento, fui até à floresta situada perto da nossa colónia de Izgrev. Escondi-me entre as árvores e pus-me a chorar. De repente, ouvi atrás de mim os passos de alguém que se aproximava. Eu não queria que me vissem naquele estado e, assim que me virei, vi o Mestre a aproximar-se com toda a tranquilidade. Visivelmente, ele sabia que eu estava ali. Parou e disse-me: «O que fazes aqui? O que tens? – Mestre, estou a chorar porque tenho sofrido muito. – Eu sei, mas fica tranquilo, tudo se arranjará.» Depois, olhou para mim sorrindo e disse-me: «Lembras-te de que, quando perdeste tal coisa, sofreste? – Sim, Mestre, lembro-me. – Bem, mas após esse sofrimento compreendeste tal lei? – Sim, Mestre. – Bom, e agora lembras-te de um outro ano em que também perdeste aquela outra coisa e de novo sofreste muito? – Sim. – E foi nesse momento que compreendeste aquela outra lei? – Sim, Mestre, é verdade. – Pois bem, ficas a saber que fui eu que te enviei essas provas...» Ora, o que é mais espantoso é que o Mestre fazia alusão a acontecimentos que se passaram muitos anos antes de o meu amigo saber da existência dele, e que só ele e a mulher, que morrera, tinham vivido e conheciam.

E o Mestre continuou: «Compreendeste agora? Vou dizer-te porque é que te enviei essas provas. Foi porque, no teu carma, ainda tinhas grandes dívidas a pagar e não podias compreender os grandes mistérios da vida se não as pagasses. Então, para evoluíres mais rapidamente, mudei alguma coisa no teu destino. Agora, fica tranquilo, tudo se arranjará.»

Seria demasiado longo explicar-vos aqui todos os casos em que os grandes Mestres podem intervir no decurso da vossa vida. Normalmente, eles não o fazem, respeitam as leis do destino. Se, por vezes, intervêm, é por razões que ultrapassam a nossa compreensão.

Nós não podemos evitar pagar as nossas dívidas; podemos fazê-lo mais depressa ou mais devagar, mas temos de pagá-las. Mas devemos saber que, para a nossa evolução, é preferível liquidarmos certas coisas mais cedo, e é neste caso que, por vezes, os grandes Mestres intervêm.

Acontece o Mestre mudar o destino de alguns discípulos para os libertar de circunstâncias que aprisionam, como a ganga de um minério, os grandes impulsos de verdade, de sabedoria e de amor que estão dentro deles. Mas, para merecerem isso, é preciso que os discípulos busquem sinceramente a luz. Um Mestre não muda o destino de toda a gente, fá-lo em relação àqueles que verdadeiramente o merecem, senão isso até nem seria útil. Com corações mortos e intelectos obscurecidos, mesmo junto de um Mestre não mudaremos.

Há muitos anos, era eu ainda bastante jovem, o Mestre disse-me para ir ao monte Mussala (3000 m.) durante a noite. Para isso, era preciso atravessar a floresta, uma floresta onde vivem ursos, javalis e lobos, e onde, à noite, é quase impossível encontrar o caminho. Além disso, eu devia escolher uma noite escura e sem Lua; ora, os abetos na floresta são muito altos e muito próximos uns dos outros. De dia, eu já tinha subido muitas vezes ao Mussala, mas questionava-me como iria fazer para me orientar de noite e naquelas condições. O Mestre dissera-me: «Esta experiência far-te-á compreender muitas coisas...» Porque nós só compreendemos verdadeiramente quando fazemos exercícios e estamos privados de apoio. Por vezes, o mundo invisível deixa-nos sem suporte, sem dinheiro, sem nada, para descobrirmos um apoio no centro de nós mesmos: Deus.[16] Nesse momento, as forças psíquicas superiores crescem em nós, porque, quando temos fé nas realidades invisíveis, reforçamos as nossas possibilidades espirituais.

Por isso, como o Mestre me pedira, esperei por uma noite sem Lua. Peguei em provisões para o caminho e num pau, não para me defender dos ursos, porque isso não seria suficiente, mas para me ajudar a caminhar, e parti. Logo que entrei na floresta, tive sensações que facilmente podem adivinhar. Não era medo, porque eu já tinha feito experiências surpreendentes junto do Mestre e tinha a certeza de que ele estaria lá, perto de mim, e me ajudaria. Se não soubesse isso, certamente não teria partido. O que mais me impressionou foi o silêncio e a escuridão. Se alguém estivesse ao meu lado, eu não conseguiria vê-lo. Na borda do caminho havia uma ravina sem nada que me protegesse de uma queda. Como conseguiria eu não sair da vereda? Caminhei às apalpadelas, naquela densa escuridão onde a minha imaginação via continuamente javalis, ursos e toda a espécie de outros perigos. Em dado momento, parei e comecei a orar. Garanto-vos que, em tais momentos, ora-se com fervor; eu senti que nunca tinha orado assim. Alguns instantes depois daquela prece ardente, vi uma luz que iluminava o caminho na minha frente numa extensão de dois metros. Daí em diante, caminhei com claridade e cheio de alegria. Eu cantava e sentia alguma coisa mexer comigo, como se estivesse a ser atravessado por correntes novas…

Após algumas horas de marcha, ouvi, de repente, os latidos de dois cães. Compreendi, pelos sons que ouvia, que eram cães enormes, dos que é comum encontrar nas florestas da Bulgária e que podem facilmente saltar sobre um homem e matá-lo. Parei e pensei: «Dois cães!... O que é que isto significa?... Que devo fazer? Voltar para trás?... Não, porque eles certamente perseguir-me-iam e o meu pau não pode servir para me defender… Não tenho outra solução senão caminhar ao seu encontro.» Ouvi-os aproximarem-se porque, pelos latidos, era claro que tinham sentido a minha presença e me procuravam. Mais tarde, percebi que eles vinham de uma serralharia situada perto dali, na floresta, e que eles estavam encarregados de a guardar. Liguei-me ao mundo invisível, aos irmãos da Fraternidade Branca, ao Mestre, à luz, e pus-me a caminhar rapidamente na direção dos cães com a certeza de que a luz me protegeria. Nesse momento, senti que haveria algo de decisivo. O dia começava a romper e os cães depressa ficaram a uma distância de onde podiam ver-me. Aproximavam-se com latidos terríveis… A dois ou três metros, pararam para saltar sobre mim. Eram do tamanho de pequenos burros, um branco, outro cinzento… Tudo se passou então muito rapidamente e as palavras são lentas para o relatar. Com a sua grande goela aberta, ameaçadora, os cães iam saltar, mas, como eu me sentia cheio de luz e de confiança, lancei a minha mão direita na sua direção com uma força extraordinária. Foi um instante excecional onde percebi a presença de entidades invisíveis e do Mestre, e o que então vi bastou para me provar a existência do mundo divino, mesmo se eu nunca tivesse tido outras provas. No momento em que lancei a minha mão para a frente, ouvi os cães soltarem um uivo atroz, dilacerante, e ambos, levantados por uma força invisível, foram literalmente projetados a alguns metros de mim. Depois, agachados no solo, com um ar aterrorizado, ficaram imóveis, silenciosos, sem olhar para mim.

Então, retomei o fôlego. Estava sem receio e falei aos cães, dizendo-lhes: «Lamento muito ter-vos dado uma sacudidela, mas era preciso saberem discernir que eu sou um discípulo e não quererem impedir-me de passar por vocês saltando sobre mim.» Quando vi que eles não se mexiam de todo e que não me fariam mal algum, senti uma alegria imensa e fiquei ali imóvel durante alguns minutos para agradecer ao Céu. Deveis saber que o discípulo tem o direito de se proteger com a ajuda da luz. Se o adversário não aceita a luz que lhe é enviada para o iluminar, o mal que se encontra nele volta-se contra ele pelo poder da pureza e da divindade da luz.

Depois daqueles instantes parado junto dos cães, senti-me cansado, como se tivesse perdido todas as minhas forças. Retomei o caminho com dificuldade e depois sentei-me sobre uma pedra, esgotado, para orar e agradecer às criaturas do mundo invisível que me tinham ajudado; em seguida, voltei a caminhar, lentamente, e após várias horas de marcha atingi o cume do Mussala, precisamente no momento em que o Sol nascia. Agradeci muito, muito, ao ver de novo o Sol…

Esta experiência fez-me compreender que um grande número de sofrimentos e provas na vida nos são enviados pelo mundo invisível para nos obrigar a contar com as forças espirituais que estão dentro de nós. Quando estamos saciados, ricos, cheios de bens, ficamos à superfície das coisas, ao passo que, no isolamento e na tristeza, começamos a apoiar-nos no Ser supremo que vive dentro de nós. Era este o papel das Iniciações na Antiguidade: ensinar o homem a entrar em si mesmo, para aí encontrar as verdadeiras riquezas, a verdadeira força, o verdadeiro sustento. Outrora, as Iniciações eram feitas nos templos; agora, fazem-se em qualquer circunstância da vida e no momento em que menos se espera. Mas todos passarão pela terra, pela água, pelo ar e pelo fogo.

Sinto que vós pensais: «Mas porque é que o mundo invisível não nos previne com antecedência em relação às provas que teremos de atravessar?» Porque no imprevisto somos obrigados a entrar mais profundamente em nós mesmos e a fazer maiores esforços. Todos vós tendes provas para atravessar, mas regozijai-vos!... Nas Iniciações da Antiguidade, aquele que devia passar através do fogo transpunha, na realidade, um braseiro artificial, mas ele não sabia isso e acreditava que o fogo era real. Se tivesse medo, não era digno da Iniciação e mandavam-no embora, mas aquele que era ousado, audacioso, cheio de fé, passava através do fogo e depois descobria que ele não passava de uma ilusão. Todas as provações da vida são imaginárias. Antes de as atravessarmos, nós pensamos: «É terrível… Vou sofrer atrozmente.» Mas, se soubermos vivê-las como deve ser, essas provas não nos parecem assim tão difíceis. Por isso, se nos surgem provações, devemos regozijar-nos.

Antes de terminar, queria contar-vos uma história. Era uma vez um rei que foi ao mercado passear (nos contos, isto acontece). Enquanto observava os vendedores, ouviu um que gritava: «Eu vendo sabedoria… Eu vendo sabedoria…» O rei, muito admirado, aproximou-se e perguntou-lhe: «Então tu vendes sabedoria?... Por quanto ma podes dar? – Por 100 escudos, por 1 000 escudos ou por 10 000 escudos», respondeu o vendedor. O rei sorriu e pediu a de 10 000 escudos. «Por 10 000 escudos...», disse o comerciante. «Bom, está bem, aqui está: "O que quer que faças, pensa nas consequências."» O rei ficou um pouco admirado por pagar tão caro por um conselho que lhe parecia tão simples, mas riu de bom grado e regressou ao palácio repetindo a sua frase. No dia seguinte, continuava a repetir para gracejar: «O que quer que faças, pensa nas consequências.» Ora, chegou a hora de ele ser barbeado pelo seu barbeiro. O barbeiro entrou, preparou tudo como normalmente e pegou na navalha para começar o seu trabalho. Nesse momento, o rei, lembrando-se da frase que tinha comprado no mercado, quis gracejar e disse ao barbeiro, num tom grave e sentencioso: «O que quer que faças, pensa nas consequências.» Então, para seu grande assombro, viu o barbeiro cair de joelhos diante dele, dizendo: «Perdoai-me, Senhor, os culpados são os outros, são os ministros que exigem que eu vos degole, não sou eu que quero...» O rei escondeu a sua surpresa, aparentou estar bem informado e mandou-o contar-lhe a conspiração. O barbeiro contou tudo e o rei puniu os ministros. Se ele não tivesse comprado 10 000 escudos de sabedoria, teria sido degolado.

Por vezes, um único pensamento pode salvar-nos melhor do que todos os conhecimentos científicos que possuímos, se esse pensamento é de um sábio, de um Mestre. É preciso saber quais são os pensamentos que nos salvam e quais são os que nos levam à perdição. Todos os dias, dentro de nós, são enviados barbeiros pelos ministros que se reuniram para decidir a nossa perdição e fazer com que deixemos de ser reis. Todas as paixões conspiram contra nós. Se não estivermos protegidos, se não repetirmos a cada instante a frase do sábio, seremos degolados e bem degolados. Mas se pronunciarmos fórmulas profundas e sábias, os seres que se aproximam de nós para nos matar ou provocar desgraças não ousarão agir.

Hoje não tenho tempo para vos falar mais demoradamente sobre o Mestre, cujo Ensinamento eu vim trazer a França, mas refleti sobre o que eu vos disse e compreendereis muitas coisas.

Paris, 12 de março de 1938

Notas

1. Cf. *Peter Deunov*: «Paneurythmie» (paroles et musique); *Muriel Urech*: «La paneurythmie de Peter Deunov à la lumière de l'enseignement d'Omraam Mikhaël Aïvanhov»; *CD1502 La Paneurythmie. (Editions Prosveta).*
2. Cf. *A via do silêncio*, Col. Izvor n.° 229, cap. XIII: «As revelações do céu estrelado».
3. Cf. *O que é um Mestre espiritual?*, Col. Izvor n.° 207.
4. Cf. *La pédagogie initiatique*, Œuvres complètes, t. 27, cap. III: «Éducation et instruction. La puissance de l'exemple».
5. Cf. *Criação artística e criação espiritual*, Col. Izvor n.° 223.
6. Cf. *Langage symbolique, langage de la nature*, Œuvres complètes, t. 8, cap. I: «L'âme» e cap. II: «L'être humain et ses différentes âmes».
7. Cf. *Do homem a Deus – séfiras e hierarquias angélicas*, Col. Izvor n.° 236.
8. Cf. *Les fruits de l'Arbre de Vie – La tradition kabbalistique*, Œuvres complètes, t. 32, cap. VII: «Les quatre éléments», cap. VIII: «Veillées autour du feu», etc. e *As revelações do fogo e da água*, Col. Izvor n.° 232, cap. III: «Descoberta da água», cap. V: «A cadeia viva: sol-terra-água», cap. VIII: «Da água física à

água espiritual» e cap. X: «O fogo, fator de realização».

9. Cf. *Les fruits de l'Arbre de Vie – La tradition kabbalistique*, Œuvres complètes, t. 32, cap. IV: «Le Tétragramme et les soixante-douze génies planétaires».
10. Cf. *O yoga da alimentação*, Col. Izvor n.° 204.
11. Cf. *A respiração, dimensão espiritual e aplicações práticas*, Brochura n.° 303.
12. Cf. *Os mistérios de Iésod – os fundamentos da vida espiritual*, Obras completas, t. 7, Parte IV, cap. III: «Como se lavar», e cap. IV: «O verdadeiro batismo».
13. Cf. *Um futuro para a juventude*, Col. Izvor n.° 233, cap. VI: «Os estudos não bastam para dar um sentido à vida» e cap. VII: «O caráter importa mais do que os conhecimentos».
14. Cf. *O Livro da Magia Divina*, Col. Izvor n.° 226, cap. XIII: «O olhar».
15. Cf. *«Connais-toi toi-même» – Jnani yoga*, Œuvres complètes, t. 18, cap. I: «La beauté».
16. Cf. *Nas fontes inalteráveis da alegria*, Col. Izvor n.° 242, cap. IV: «Buscar em si próprio as respostas de Deus».

VIII

A cadeia viva
da Fraternidade Branca Universal

Todos os seres dos diferentes reinos da Natureza estão ligados entre si. Sem que o saibamos, todos os seres que, em relação a nós, se encontram tanto acima como abaixo, estão ligados a nós. Os Iniciados, que estudam esta questão, dizem-nos que, graças ao conhecimento desta ligação entre os diferentes reinos, podemos conseguir grandes realizações espirituais, antes do mais porque aquilo que vivemos no dia-a-dia – os nossos sucessos e os nossos insucessos, os nossos sofrimentos e as nossas alegrias, etc… – se torna muito mais claro e compreensível para nós, pois sabemos a quem e de que maneira nos encontramos ligados.

Se habitardes um apartamento situado num oitavo andar, tereis à vossa disposição um elevador e bastar-vos-á carregar num botão para que esse elevador vos faça subir ou descer. Observai também a maneira como as crianças sobem às árvores ou como os aviões se elevam no ar… Não existe nada no mundo visível que não tenha uma correspondência no mundo invisível. Tudo o que existe no plano físico, cada objeto, cada invenção, cada construção, cada ofício, corresponde a uma realidade do mundo espiritual. A nossa consciência sobe e desce exatamente como um elevador, mas muitas vezes ignoramos qual o botão que devemos premir para subir ou para descer. Por vezes, sem o sabermos, tocamos no botão do Inferno e descemos diretamente para lá; e também acontece, subirmos ao Paraíso sem sabermos como o fizemos… Só os Iniciados sabem em que botão devem carregar para subirem conscientemente até ao Paraíso.

Uma das maravilhas de Paris é o metropolitano. Como sabeis, em determinadas estações existem escadas rolantes. À entrada está instalado um feixe luminoso, que atravessa as escadas em largura e penetra numa célula colocada em frente. Sempre que alguém entra na escada, corta o feixe luminoso; a célula, que é alertada, aciona os mecanismos e a escada começa a movimentar-se. Em nós, também existem mecanismos idênticos: o nosso coração, o nosso intelecto e o nosso sistema nervoso obedecem às mesmas leis, mas nós ignoramos isso. Por vezes, lançamos pensamentos, sentimentos ou palavras horríveis, sem nos preocuparmos em saber quais os mecanismos que vamos desencadear e que resultados daí advirão. Há tantas coisas que nós fazemos deste modo, sem nunca prevermos as suas consequências!

Na realidade, existe uma ciência que nos revela a importância dos pensamentos e dos sentimentos, a sua influência, os resultados que eles produzem, etc... Ainda não é conhecida, mas será a ciência do futuro. Enquanto o homem não conhecer esta ciência, não poderá evoluir: subirá, descerá, será sacudido de um lado e do outro, e continuará infeliz. Os homens têm estudado todas as ciências que se pode imaginar, mas desprezam a mais importante de todas; fazem-se milagres no plano físico, mas em tudo o que respeita à vida interior, há uma grande ignorância!... A ciência de que vos falo revela-nos, do ponto de vista físico, químico e mecânico, tudo aquilo que acontece no homem por causa dos seus pensamentos, dos seus sentimentos e dos seus atos, bons ou maus. Ela ensina-nos que, no homem, os pensamentos e os sentimentos têm uma ação sobre glândulas, órgãos muito subtis (são como comutadores no plano físico), e que esses órgãos produzem secreções que lançam no sangue venenos ou elementos benéficos. Os pensamentos e os sentimentos fazem, pois, funcionar aparelhos em nós e, consoante a sua qualidade, somos iluminados ou privados de luz, reforçados ou enfraquecidos, libertados ou aprisionados. Essas glândulas de minúsculas dimensões possuem, na realidade, as chaves das forças. Imaginai um homem que tem a intenção de ir roubar dinheiro ao vizinho... Inicialmente, isso não passa de uma ideia, mas que começa de imediato a trabalhar: ela cortou o feixe luminoso da escada e esta põe-se em movimento... Ou então, quando um homem começa a pensar de determinada maneira acerca de uma mulher, consciente ou inconscientemente desencadeia em si próprio um certo número de processos fisiológicos. Imaginai também que comeis um limão: imediatamente se desencadeia todo um processo de secreção das glândulas salivares... Portanto, os efeitos de cada pensamento são exteriormente muito fracos, mas interiormente muito poderosos.[1]

E a dúvida? Já observastes os seus efeitos? Quando vos deixais invadir pela dúvida, ela contrai a vossa alma, limita-a, arrefece-a.[2] A dúvida põe em ação glândulas que lançam certas substâncias no sangue e, em virtude destas secreções, o homem sente-se limitado em toda a sua vida interior e exterior. Por vezes, as crianças divertem-se fazendo flutuar, na água de um pequeno tanque, peixinhos de celuloide, nas extremidades dos quais foram fixados pedaços de cânfora, mas, se se deitar na água uma gota de óleo, por minúscula que seja, os peixes param imediatamente. A dúvida produz em nós efeitos idênticos ao do óleo em relação a estes peixes. Nós somos frequentemente impelidos por movimentos magníficos, pelo desejo de realizar a vontade de Deus, de viver na sabedoria, mas, se se introduzirem em nós pensamentos de dúvida, eles retêm esses impulsos, tal como o óleo faz parar os peixinhos. Aliás, não é só a dúvida que produz estes efeitos: existe uma enorme quantidade de pensamentos e de sentimentos que paralisam o homem, tais como o medo, a desconfiança, a hostilidade, o ódio, etc. Outros, pelo contrário, como a alegria, a fé, a esperança, o amor, o entusiasmo, dilatam-no e libertam-no; e até fisiologicamente produzem nele alterações benéficas. Se o homem quiser ficar limitado, gelado, petrificado, só precisa de se alimentar de pensamentos de medo, de hostilidade, de dúvida. Aliás, muitas vezes ele gosta desta espécie de pensamentos e todos os dias inventa alguns novos. Sim, o homem gosta muito deste tipo de pensamentos e a sua casa está de portas escancaradas para os receber. Os Iniciados, esses, não os recebem, limitam-se a olhá-los de longe; e eles têm formas e cores especiais, muito fáceis de reconhecer...

Caros irmãos e irmãs, deveis abandonar tudo o que destrói os vossos impulsos e ligar-vos ao amor, à esperança, à beleza, à fé, à inspiração, a tudo o que vos dilata, vos transmite a verdadeira vida e vos permite agir livremente. Todas estas transformações que deveis realizar em vós representam uma ciência imensa. Não posso explicar-vos hoje as relações que existem entre esta ciência e a astrologia, mas fá-lo-ei mais tarde.

Por agora, apenas quero fazer-vos compreender que o ser humano está em relação constante com os seres que se encontram, quer acima dele, quer abaixo dele. Existe uma hierarquia viva na Natureza; é graças a ela que nós subimos, graças ao laço que nos une a todos os seres superiores, mas é também graças a ela que estamos ligados a todos os seres que se encontram abaixo de nós, inclusive às pedras. Sim, o laço que une os homens aos animais, às plantas e às pedras é extremamente poderoso. Pode-se, por exemplo, ajudar certos seres lançando água, de vez em quando, sobre pedras que estão ligadas a eles.* Também pode acontecer que, ao cortarem-se árvores aqui na França, se afete seres que vivem muito longe, noutro continente, e esses seres comecem a sofrer ou a ficar doentes sem saberem porquê. O mesmo se passa no que diz respeito aos animais. Nós matamos os animais, mas a Natureza é um organismo, e, ao matarmos os animais, é como se afetássemos certas glândulas desse organismo; então, as funções modificam-se e, algum tempo depois, surge a guerra entre os homens. Sim, porque se massacraram milhões de animais para os comer, sem se saber que eles estavam ligados a homens e que, por conseguinte, esses homens devem morrer com eles. Ao matar os animais, está-se a matar os homens.[3] Vós direis que é por ignorância. É possível; mas porque é que os homens são ignorantes e querem continuar a sê-lo? Todos falam que se deve, finalmente, fazer reinar a paz no mundo, que deve deixar de existir a guerra no mundo... Mas a guerra durará enquanto continuarmos a matar os animais, porque, ao matá-los, é em nós que estamos a destruir alguma coisa.

Que sabeis vós sobre a realidade das ideias, sobre o seu papel e o seu poder? Nada. Em certas situações, dizeis: «Hoje surgiu-me uma ideia esplêndida!», mas, na realidade, essa ideia é um ser espiritual que vos visitou.[4] Não foi só um pensamento, mas uma entidade viva que passou através de vós e, em vez de a conservardes

* Ver o capítulo VII: «O Mestre Peter Deunov».

preciosamente, por vezes dizeis: «O que dirão a minha mulher, os meus filhos e os meus amigos, se eu alimentar este pensamento?» E assim, por terdes receio da opinião dos outros, permitis que a dúvida e a indecisão penetrem em vós, afastais esse ser luminoso que tinha vindo visitar-vos e enfraqueceis-vos, porque esses pensamentos e esses sentimentos negativos lançam no vosso sangue matérias que vos contraem e vos limitam. De agora em diante, meus caros irmãos e irmãs, quando uma ideia luminosa vier visitar-vos, limpai e purificai tudo para que ela permaneça em vós e se transforme numa árvore que dará frutos magníficos.

Algumas pessoas dizem que têm muitas ideias, mas, se forem só ideias para ganhar dinheiro, para conseguir poderes, seduzir as mulheres, etc., não servem para nada. Muitos matam as ideias que não falam de dinheiro, de bens materiais, e depois, sem saberem porquê, sentem-se mergulhados na incerteza, não compreendem nada daquilo que lhes acontece, o seu coração e o seu cérebro ficam vazios, e a sua vontade enfraquecida. O seu estado é fruto do hábito que adquiriram de afastar as ideias luminosas e divinas sempre que elas vêm visitá-los... Deveis ficar a saber que o mundo invisível nos envia continuamente ondas luminosas, influências espirituais, e deveis abrir-vos para as receber... Que essas ondas luminosas venham e permaneçam em vós como sementes num jardim, e mais tarde vereis que toda a gente vem passear nesse jardim, para comer os frutos que nele amadureceram.[5]

Cada homem está ligado a milhares de seres superiores e inferiores a ele. Se tiver pensamentos e sentimentos elevados, está a ajudar aqueles que estão abaixo dele, os animais, as plantas e as pedras, porque aquilo que se passa nele, cada estado que ele vive, é transmitido a tudo o que se encontra abaixo dele. Mas, como ele também se encontra ligado aos seres superiores, há energias divinas que começam a derramar-se sobre ele através dessa cadeia viva e ininterrupta.

A sabedoria, a luz e o amor dos Anjos e dos Arcanjos fluem primeiro através dos Iniciados e dos grandes Mestres, e depois vêm invadir-nos. Mas essa sabedoria não fica em nós, atravessa-nos e desce até aos seres situados abaixo de nós e ligados a nós, até ao vegetal, até à pedra; depois, graças a uma outra corrente de circulação, essas forças voltam a subir do mineral até às regiões superiores da Natureza. Se o homem estiver ligado a essa cadeia viva dos seres, será atravessado pela alegria, pela paz e pela luz que os Iniciados têm neles mesmos.

O perigo que ameaça os homens que querem permanecer independentes, que imaginam que, estando separados e isolados, poderão dirigir tudo no mundo, é precisamente este: eles separam-se da cadeia viva dos seres, perdem a possibilidade de receber dela energias, e todas as infelicidades, todos os obstáculos, os assaltam, pois de onde receberão eles as ideias, a inspiração, a sabedoria, as forças necessárias para a vida de cada dia? «Encontrá-las-ão em si mesmos», respondereis vós... Sim, durante um mês, durante um ano, talvez, mas depressa esgotarão as suas reservas. Com o seu orgulho, a sua vaidade, a sua vontade de ser independentes, eles cortam a ligação que os une aos seres superiores e perdem o poder. Mesmo que tenham começado com grandes projetos, em breve nada lhes restará, porque é impossível realizar algo de grandioso se não se estiver ligado à cadeia viva das criaturas. É exatamente como se uma lâmpada imaginasse que é ela que ilumina, sem nunca pensar na central elétrica que lhe envia a corrente da qual ela não passa de um condutor, de um intermediário.

Na realidade, quer queiramos quer não, nós estamos ligados, unidos, mas devemos estabelecer sempre esta ligação com os seres superiores de uma maneira consciente, para que circule em nós uma corrente viva. Aquele que se opõe à criação desta ligação, mais cedo ou mais tarde perde a luz, a força e tudo aquilo que ainda possui. O homem pode ser poderoso, pode fazer milagres, mas nunca deve esquecer que não é mais do que um condutor das energias do Alto. Ele deve dizer a si próprio: «É a sabedoria divina que age em mim... É o mundo divino que se manifesta através de mim...», senão, perderá tudo. Mesmo que um homem tenha sido um Iniciado no passado, se imaginar que é ele mesmo a causa dos seus atos e que tudo depende apenas da sua vontade, perderá tudo.

A Fraternidade deve existir no mundo, entre os homens, porque já existe na Natureza, e nós devemos viver segundo as leis da Natureza. Esta Fraternidade existe no Universo, são as Almas glorificadas: os profetas, os Iniciados e os grandes Mestres.[6] Todos trabalham em conjunto, como abelhas numa colmeia, e preparam o alimento para o Senhor.... Hoje em dia, os homens sentem-se todos separados uns dos outros, isolados, infelizes, precisamente porque a cadeia que os liga aos grandes Mestres foi cortada. E ficai sabendo que nesta situação é absolutamente impossível encontrar o seu Mestre. O Mestre é um elo na grande cadeia da hierarquia e ninguém pode descobrir o seu Mestre se tiver cortado a ligação com essa hierarquia. Mesmo que alguém diga que encontrou muitos Mestres, na América, na Europa ou na Ásia, trata-se apenas de mestres exteriores, pois as pessoas ainda não conseguem viver na presença interior de um Mestre.

Quando um Mestre se manifesta no interior de nós, qual é a prova de que ele nos fala realmente? Toda a gente pode dizer que ouve falar o seu Mestre interiormente, mas isso só é verdade se estiverem cumpridas três condições. Em primeiro lugar, começa-se a distinguir claramente o caminho a seguir, já não se anda "às cabeçadas". Em seguida, começa-se a amar todas as criaturas e sente-se no coração uma verdadeira dilatação que impele a agradecer a Deus a cada instante. Por fim, a vontade sente-se cada vez mais livre e capaz de realizar, sem entraves, tudo o que é nobre e belo. Se um ser realizar estas três condições, pouco importa que tenha encontrado ou não um Mestre físico. Na realidade, encontrou-o, o Mestre veio, dá-lhe conselhos e liberta-o.

Que relações existem entre nós e os seres superiores? Quando nós seguimos um caminho, sentimo-nos menos isolados e mais confiantes se estiverem connosco amigos que nos apoiam e nos reconfortam com a sua presença. Sentimo-nos seguros ao pensar que outros seguem a mesma via e que têm as mesmas dificuldades. De igual modo, numa Fraternidade, nós sentimos que a nossa fé, a nossa luz e a nossa força aumentam; somos apoiados, recebemos ajudas, proteção... E entre nós e os seres inferiores, o que é que acontece? Graças a eles, um dia teremos amigos em quantidade. Se tiverdes gatos, por exemplo: um dia, numa outra incarnação, alguns milénios mais tarde, eles serão donzelas encantadoras! Nesse momento, talvez vós estejais entre os Anjos, e, quando os encontrardes de novo, eles serão vossos amigos.

Ireis ver as bênçãos que a presença de uma Fraternidade aqui vai atrair! Sentir-vos-eis todos mais felizes e mais fortes. Será como que uma corrente magnética, ao longo da qual correrá a água viva que alimenta todos os seres. Todos os nossos desgostos, todas as nossas tristezas e todas as nossas infelicidades provêm do facto de nos termos separado desta cadeia viva. Por isso, de agora em diante, pelo menos durante alguns minutos em cada dia, pensemos nessa cadeia, e assim inserir-nos-emos nas vibrações harmoniosas da Fraternidade Branca Universal. Então, tudo o que os Iniciados vivem – a liberdade, o deslumbramento e o êxtase –, todos os tesouros e pedras preciosas que eles possuem, nos serão transmitidos. Porque os Iniciados e os grandes Mestres não guardam para eles as suas riquezas, enviam-nas imediatamente para outros seres; e se nós não as recebemos é porque não estamos ligados à cadeia ou não estamos preparados para as receber. Aquele que se liga a esta cadeia recebe, todas as manhãs, ao acordar, um presente precioso. Ele abre-o e encontra conselhos, alimentos e tesouros. Depois, levanta-se, vai para o trabalho e, como recebeu esses tesouros, sente que está tudo bem. Aquele que não recebe nada sente-se triste, mas a culpa é sua. Se ele não encontra nada para si ao acordar, é porque não fez a assinatura do "jornal diário" do mundo invisível, que contém conselhos, avisos e incentivos para ele.

Se o homem quiser conhecer a felicidade, a alegria, a luz, deve assinar este jornal; mas, para isso, tem de pagar alguma coisa. Eis algo que é muito difícil de aceitar, não é verdade? Quando se fala em pagar, toda a gente se esconde. Se se fala em receber gratuitamente, todos se apressam, mas para pagar… Aí já não, é impossível! Pois bem, é precisamente isso que deveis ficar a saber: no mundo invisível, tudo se passa como aqui em baixo, na terra; a única diferença é que não temos de pagar com dinheiro, mas com pensamentos de confiança, de paciência, de humildade, de amor, de esperança.

Devemos dar toda a nossa atenção, todo o nosso amor e toda a nossa boa vontade ao Mestre da grande Fraternidade Branca Universal e ele enviar-nos-á forças, conselhos, ajuda, sem nunca se enganar no endereço. Mas, se não dermos nada, nada receberemos, porque, para receber, é preciso dar, e, quanto mais se dá, mais se recebe. Se quereis obter tudo sem fazer esforços, sem ter pensamentos luminosos e um amor desinteressado, nunca conseguireis estar satisfeitos, porque, mesmo que possuais todos os bens materiais, com tais processos nunca conhecereis o sentido da vida, nunca tereis a felicidade, nem a luz, nem a liberdade.

Quando eu vos falo em dar, com isso também quero dizer agradecer. Sim, porque o Céu e os seres do mundo divino estão continuamente a dar-vos e vós nem sequer agradeceis... Não penseis que se pode obter grandes coisas sem fazer um intenso trabalho. Inconscientemente, faz-se cálculos, procura-se caminhos rápidos para conseguir grandes resultados sem esforços; e procura-se mais recorrer à astúcia do que aceitar uma tarefa difícil. Infelizmente, esses cálculos chocam com a verdadeira realidade das coisas, porque os seres superiores vêm dizer-nos que o nosso método é absolutamente ineficaz. No mundo invisível, existe tudo aquilo que existe na terra; há armazéns, e nesses armazéns os comerciantes são muito amáveis, dão-vos aquilo que quiserdes, mas depois estendem a mão e, se respondeis afirmando que é grátis, eles recolhem tudo novamente... Claro que isto é uma maneira de falar, porque, na realidade, não é o mundo invisível que é construído como o mundo visível, pelo contrário, o mundo visível é que está construído segundo as leis do mundo invisível, e essas leis existem em todos os planos e em todos os domínios.

Quanto mais amor dais, mais recebeis. Por vezes, até recebeis tanto que quase não conseguis suportá-lo... Fazei esforços, trabalhai para ajudar os outros, para os libertar, a fim de que o mundo invisível vos liberte a vós mesmos e vos dê as forças que vos permitirão caminhar até ao cume. O caminho é muito longo e muito difícil, não crieis ilusões. Aqueles que imaginam que se consegue atingir o cume de repente, num mês, em três meses, enganam-se e enganam os outros. Certas pessoas pensam que, ao fim de alguns meses, já são grandes Iniciados, que podem instruir os outros, que sabem tudo, que são Mestres!... É impossível! Para se estar capacitado a instruir os outros, para se ser um Mestre, é preciso estudar, fazer inúmeras experiências e exercitar-se durante muito tempo. Quem ainda não está preparado deve aguardar durante séculos, até ele próprio poder ensinar. Vós direis: «Mas acabou de nos dizer para ajudarmos os outros, para os libertarmos... Está a contradizer-se!». Não, qualquer que seja o nível que se tenha atingido, pode-se sempre ensinar aquilo que já se sabe. O que nunca devemos fazer é ensinar aquilo que nós próprios não sabemos e que ainda não somos capazes de realizar. Dois cegos que querem conduzir-se um ao outro caem nos precipícios. Já verifiquei isso várias vezes.

Eu não quero passar por ser um Mestre.* Por agora, estou a ensinar-vos aquilo que vi e ouvi do meu Mestre e aquilo que eu próprio verifiquei durante vinte anos junto dele. Mas não vos falo sobre aquilo que eu próprio ainda não verifiquei. Podemos sempre ajudar, esclarecer e amar os outros, mas ao nosso próprio nível, e para isso não é necessário aguardar séculos. Se esperarmos assim tanto, todos terão tido tempo de morrer antes de nós tomarmos a decisão de ser úteis. Não devemos dizer, quando vemos os outros a cair no inferno: «Desculpem-me, mas, antes de vos ajudar, tenho de esperar alguns séculos para estar verdadeiramente preparado.» Esta é a linguagem dos preguiçosos. Quanto aos que pensam que, em alguns meses, se tornarão Mestres e transformarão o mundo, esses são presunçosos. Não se deve seguir nem uns, nem outros.

Preparai os laços que vos unirão à Fraternidade Branca Universal. Pouco importa que essa Fraternidade exista no plano físico e que aqueles que dela fazem parte se reúnam frequentemente, porque, no mundo invisível, a Fraternidade Branca Universal já existe há milhares de anos e é a ela que devemos estar ligados. É muito grave para nós não estarmos ligados à Fraternidade Branca Universal, porque nessas condições a corrente não poderá descer em nós para expulsar os elementos nocivos e purificar-nos. E, quando essa corrente não desce, os seres inferiores começam a invadir-nos e produzem toda a espécie de fermentações e de odores nauseabundos. Se não deixarmos descer em nós as influências que vêm dos seres superiores, permitimos a estagnação de enormes quantidades de matérias que vêm das regiões inferiores e nos envenenam. Todas as nossas infelicidades se devem à presença dos seres inferiores que

* Esta conferência foi proferida em 1938. Durante muito tempo, o Mestre Omraam Mikaël Aïvanhov recusou ser tratado por Mestre. Só após o seu regresso da Índia, em 1960, perante a insistência dos discípulos, acabou por aceitar. (Nota do editor original).

habitam em nós, porque a corrente já não desce diariamente em nós para os expulsar.[7]

Quando o homem se sente invadido por seres que devastam os seus jardins interiores, roubam as suas riquezas, apagam as suas luzes, é porque não soube ligar-se à cadeia da Fraternidade Branca Universal. E depois queixa-se: «Não sei o que se passa comigo… Sinto-me infeliz, inquieto, dividido…» e, para sair desse estado, vai ao médico, procura distrair-se, mas nada resulta. Isto acontece porque houve entidades inferiores que penetraram nele. Para lhes escapar, ele não tem outro meio senão entrar em ligação com os seres do mundo sublime, abrir o seu coração, o seu intelecto, a sua alma e o seu espírito, para que a bênção do Alto desça nele, o purifique, o alimente e o salve das criaturas nocivas. Quando a corrente que vem do Alto é muito poderosa, as criaturas inferiores não podem avançar contra ela, são repelidas. Mas, se essas criaturas conseguirem instalar-se em nós, é porque, na realidade, a corrente que vem do Alto não tem força suficiente; é porque somos orgulhosos, desconfiados, anárquicos, e não quisemos ligar-nos à Fraternidade Branca Universal, que também tem o nome de Loja Branca e cuja cabeça é o Cristo.

Antes de se manifestar no plano físico, a Fraternidade deve existir nas nossas almas, e assim ela realizar-se-á um dia, obrigatoriamente, no mundo visível. Eu não pretendo criar apenas uma Fraternidade física, pois ela poderia limitar-se a uma existência inteiramente superficial. A Fraternidade deve ser formada pelo impulso espontâneo das almas que se unem. É por isso que eu não faço questão de vos reunir imediatamente. Aguardo o momento em que vós próprios me exprimireis, espontaneamente, o desejo de aprender mais, de cantar em conjunto e de fazer exercícios em conjunto. Tudo deve ser preparado lentamente. Nós devemos começar por criar uma cadeia viva. Eu quero que saibais por que razão vindes aqui e que venhais não por mim ou pelos outros, mas por vós mesmos, porque tendes a certeza de que recebereis aqui riquezas espirituais.

Quanto mais se dá, mais se recebe. Não deveis vir por mim, porque eu não preciso de vós. É o Céu que me dá tudo aquilo de que necessito, e se eu tenho necessidade de vós é apenas para vos dar. Não fiqueis ofendidos com estas palavras; eu amo-vos, estimo-vos, mas quero fazer-vos compreender quanto nos enganamos quando sacrificamos o nosso Eu superior, isto é, a ligação entre o Céu e os seres do mundo superior, à opinião de algumas pessoas vulgares. Nesse momento, perdemos o Reino de Deus, cortamos a ligação com a Fraternidade Branca Universal. Pelo meu lado, só pretendo satisfazer a vossa alma, o vosso espírito, recuso-me a dar satisfação a qualquer outra coisa em vós.

Não esqueçais que aquilo que importa acima de tudo é manter a ligação com os grandes Seres, para que a corrente que vem do Alto nos atravesse, nos purifique, nos ilumine. O medo, o egoísmo, o orgulho, a desconfiança, as paixões, cortam esta cadeia que nos liga ao mundo superior e permite a entrada em nós de criaturas nocivas das quais ninguém é capaz de nos salvar. Só o amor, a sabedoria e a verdade podem livrar-nos das entidades inferiores.

O segredo da vida está no agradecimento, na humildade[8], na oração[9], na ligação com os grandes Seres[10]. Evidentemente, isso não interessa a muitas pessoas, que estão ocupadas com problemas que consideram muito mais importantes. Se lhes falarem de amor, respondem que já ouviram falar disso milhares de vezes. Se lhes falarem de humildade, argumentam que ela é sinónimo de mediocridade, de insignificância, e que os padres e os pastores já pregaram bastante a esse respeito. É possível, mas elas não se deram conta de que tudo aquilo que ouviram dizer não passou, para elas, de teoria, relegaram tudo para o seu intelecto, sem nunca terem tentado aplicar nas suas vidas a mínima parcela. O nosso Ensinamento não é novo, no entanto é-o, porque é a aplicação de todas as grandes verdades conhecidas desde há milénios. Ele dá métodos adaptados ao nosso tempo para o desenvolvimento de todas as qualidades divinas no homem.* Ao aplicarmos este Ensinamento, descobrimos o sentido da vida.

* Eu digo que o nosso Ensinamento não é novo, mas devo explicar mais claramente este ponto. No passado, todos os Ensinamentos visavam apenas o desenvolvimento do indivíduo. As possibilidades de comunicar, de viajar e de difundir ideias eram limitadas, e, em geral, era de um modo solitário que os seres humanos faziam o seu trabalho para se desenvolverem espiritualmente, adquirirem conhecimentos e poderes, e contribuírem indiretamente para o bem do mundo inteiro. Procurava-se o Reino de Deus, mas de uma forma individual, trabalhava-se para "salvar a sua alma". Porém, presentemente, com o aperfeiçoamento dos meios

Atualmente, muitas pessoas afirmam que conhecem o sentido da vida, mas continuam infelizes e fracas. Não veem, de modo nenhum, que o saber verdadeiro é incomparável com a fraqueza, as infelicidades, as angústias e os receios. Ser pessoa de ciência e agir como um ignorante parece-lhes absolutamente normal. Doravante, é preciso compreender que aqueles que conhecem verdadeiramente o sentido da vida já não se sentem infelizes, a não ser com a infelicidade dos outros; eles sentem essa infelicidade, mas dirigem para os outros a sua alegria e tomam para si os fardos deles. Os verdadeiros Iniciados nunca sofrem por razões pessoais, sofrem por causa dos outros. Quem julga que conhece o sentido da vida, mas se sente infeliz, desanimado, deprimido, irritado, engana-se; na realidade, nada sabe a seu respeito, ou apenas tem dele um conhecimento falso e teórico. A compreensão do sentido da vida é uma sensação interior, impossível de traduzir e de exprimir.[11] E é apenas por não aplicarem as grandes verdades na sua existência que os homens se mantêm afastados do sentido da vida...

Agora, que sabeis que existe esta hierarquia viva dos seres, ligai-vos a ela por intermédio dos vossos pensamentos, dos vossos sentimentos e dos vossos atos. Ligai-vos à cadeia da Fraternidade Branca Universal e, de degrau em degrau, um dia atingireis o cume.

Que a luz e a paz estejam convosco!

Sèvres, 10 de julho de 1938

---

de locomoção e de informação (os aviões, a rádio, a televisão), as condições mudaram. As possibilidades de realizar o Reino de Deus existem, já não há distância, os homens podem comunicar entre si e propagar as suas ideias pelo mundo. Infelizmente, aquilo que não mudou foi o espírito individualista, egocêntrico, separatista. A Fraternidade não é compreendida nem realizada interiormente, não só pelos homens políticos, mas também pelos Ensinamentos religiosos e espiritualistas. Por toda a parte existem divisões, barreiras, hostilidades e guerras. Pensemos na Irlanda! O Ensinamento da Fraternidade Branca Universal não traz uma nova ciência ou uma nova filosofia, mas simplesmente um objetivo, uma tendência, um ideal de coletividade, de universalidade: todos os humanos são irmãos e irmãs, filhos e filhas do mesmo Pai e da mesma Mãe Celestes, e devem estar unidos como as células de um organismo, que trabalham todas em harmonia para a saúde desse organismo. É isto que o nosso Ensinamento traz como aspeto novo ao mundo. (Nota do autor – Outubro de 1972)

Notas

1. Cf. *Poderes do pensamento*, Col. Izvor n.° 224, cap. V: «Como o pensamento se realiza na matéria».
2. Cf. *L'amour plus grand que la foi*, Col. Izvor n.° 239, cap. II: «Le doute destructeur: unification et bifurcation».
3. Cf. *O yoga da alimentação*, Col. Izvor n.° 204, cap. V: O vegetarismo».
4. Cf. *Poderes do pensamento*, Col. Izvor n.° 224, cap. IV: «Vida e circulação dos pensamentos».
5. Cf. *Sementes de felicidade*, Col. Izvor n.° 231, cap. XIX: «O jardim das almas e dos espíritos».
6. Cf. *Les fruits de l'Arbre de Vie – La tradition kabbalistique*, Œuvres complètes, t. 32, cap. XIX: «Les Âmes glorifiées».
7. Cf. *Les puissances de la vie*, Œuvres complètes, t. 5, cap. VII: «Les indésirables » e *«Au commencement était le Verbe » – commentaires des Évangiles*, Œuvres complètes, t. 9, cap. XII: «Il y a plusieurs demeures dans la maison de mon Père».
8. Cf. *O trabalho alquímico ou a busca da perfeição*, Col. Izvor n.° 221, cap. XI: «Orgulho e humildade».
9. Cf. *A oração*, Brochura n.° 305.
10. Cf. *O que é um Mestre espiritual?*, Col. Izvor n.° 207, cap. II: «A necessidade de um guia espiritual » e *Do homem a Deus – séfiras e hierarquias angélicas*, Col. Izvor n.° 236.
11. Cf. *Sementes de felicidade*, Col. Izvor n.° 231, cap. VI: «O sentido da vida».

ÍNDICE

DO MESMO AUTOR publicados pela Devi Prayer Livros

Coleção **IZVOR**

N.º 201 – Rumo a uma civilização solar
N.º 202 – O homem à conquista do seu destino
N.º 205 – A força sexual ou o dragão alado
N.º 207 – O que é um Mestre espiritual?
N.º 210 – Respostas à questão do mal
N.º 212 – A luz, espírito vivo
N.º 213 – Natureza humana e natureza divina
N.º 214 – O Masculino e o Feminino, princípios da criação
N.º 216 – Os segredos do Livro da Natureza
N.º 217 – Nova luz sobre os Evangelhos
N.º 219 – Centros e corpos subtis
N.º 220 – O Zodíaco, chave do homem e do Universo
N.º 222 – A vida psíquica, elementos e estruturas
N.º 226 – O Livro da Magia Divina
N.º 233 – Um futuro para a juventude
N.º 238 – A fé que move montanhas

Coleção **OBRAS COMPLETAS**:

Volume 1 – O segundo nascimento
Amor Sabedoria Verdade
Volume 2 – A alquimia espiritual
Volume 7 – Os Mistérios de Iésod
fundamentos da vida espiritual
Volume 9 – *«No começo, era o Verbo...»*
Volume 10 – Os esplendores de Tiphéreth
O Sol na prática espiritual
Volume 13 – A Nova Terra
Métodos, fórmulas, exercícios, orações